DE GIL BLAS

DE SANTILLANA.

NUEVA EDITION CORRÉGIDA.

Se vende en las librerías de Cormon y Blanc.

En { LYON, calle Sala, no 30 ;
{ PARIS, calle Montmartre, nº. 167.

Tomo Cuarto.

PARIS,

LIBRERÍA DE CORMON Y BLANC.

1826.

PARIS : IMPRENTA DE E. POCHARD,
CALLE DEL POT DE-FER, N. 14.

LA PONCTUATION

ENSEIGNÉE EN DIX LEÇONS.

IMPRIMERIE DE E. POCHARD,
Rue du Pot-de-Fer, N° 14, à Paris.

LA PONCTUATION

ENSEIGNÉE

En Dix Leçons;

OUVRAGE MÉTHODIQUEMENT DIVISÉ,

PRÉCÉDÉ D'UNE INTRODUCTION ET SUIVI DE NOTES DIVERSES.

La Ponctuation nouvelle y est mise en parallèle avec l'ancienne.

Par Ch.-Ant. Le François

de Hautevesne,

AUTEUR

DE LA GRAMMAIRE UNIVERSELLE, CLASSIQUE ET POLÉMIQUE

ET

DE LA GRAMMAIRE PRIMAIRE.

Quand l'eau courbe un bâton , ma raison le redresse.
(LAF., Liv. VII. Fab. 18.)

PARIS,

AUDIN, LIBRAIRE-ÉDITEUR,

QUAI DES AUGUSTINS, N° 25.

1826.

AVANT - PROPOS

POUR SERVIR

D'INTRODUCTION.

« Peu de personnes se pénètrent de l'impor-
tance de la ponctuation, on a de la peine à se
convaincre de sa nécessité ; on a encore de la
peine, dit Sicard, à bien saisir les règles de la
ponctuation quand on n'a pas fait un cours de
grammaire *Logique.* »
En effet, on ne peut pas entendre entièrement
ponctuation si on ne sait pas distinguer toutes
s parties de la période ; tels sont les divers
jets dont elle se compose, les uns simples, les
tres ou multiples ou complexes, et de même
s différents attributs. Il faut aussi connaître les
verses sortes de propositions ; comme les ab-
lues, les principales, les subséquentes, les in-
dentes ; en un mot il faut savoir faire l'analyse
ammaticalement et logiquement. Ainsi, quel-
ie peu d'étendue qu'ait un traité de la ponc-
ation, cette science est immense, puisqu'il faut
rmonter toutes les difficultés qui se rencontrent
ns la succession et dans l'assemblage des idées ;
faut être tout à la fois grammairien, rhétori-
en et sur-tout dialecticien.

Après cela nous dirons, encore avec Sicard,
« Faut-il s'étonner que si peu de personnes sa-
« chent bien ponctuer ? » Ajoutons, faut-il s'é-
tonner que les règles de la ponctuation qu'on a
tracées jusqu'à ce jour, soient si incomplètes et
même si inexactes ? Nous ne nous en étonnons
pas, et d'autant moins que la grammaire n'est
pas assez cultivée, que trop funestement il semble qu'on puisse s'en passer ; on dit « *moi, je ne
sais pas la grammaire* » avec la même indiffé-
rence que l'on dit « j'ai la vue tendre. »

Mais aussi les choses les plus simples deviennent souvent difficiles à exprimer clairement ; les
rapports qu'il y a entre les idées échappent parce
que faute de bien distinguer tous les éléments
du discours et de connaître toutes les règles de
la construction, on ne peut pas toujours suivre
les rapports plus ou moins éloignés que les parties d'une période ont entre elles : ainsi la diction
devient vicieuse et même quelquefois équivoque
et inintelligible ; on ne conçoit pas nettement,
on ne peut pas bien ponctuer.

Nous ne pouvons pas faire précéder nos règles
de la ponctuation d'un cours de grammaire,
l'espace nous manque ; mais nous pouvons dire
ce que c'est que la ponctuation et ses principes,
quelles sont les diverses sortes de propositions,
ce que c'est qu'une période. Ces notions principales feront connaître l'acception des termes de
grammaire dont nous avons fait usage dans notre
traité ; elle conduiront les élèves à faire facilement
l'application des exemples, sur-tout s'ils ont déjà
quelques notions des éléments de la grammaire :

ainsi l'analyse que nous aurions pu faire de ces exemples devient inutile; nous nous épargnons des répétitions qui surchargeant le travail viendraient compliquer l'étude.

Nous prenons, dans l'introduction de notre Grammaire universelle, classique et polémique, la définition des termes de la construction.[*]

Les mots considérés comme parties du discours sont le substantif, l'adjectif, l'article, le pronom, le verbe, le participe, la préposition, l'adverbe, la conjonction et l'interjection.

§ Ier.

Les parties du discours représentent les idées et rendent comme visibles les opérations de

[*] Cet ouvrage (dont nous avons extrait une grammaire primaire), est pour nous un titre à la confiance du public; plusieurs journaux, le Courier des théâtres, le Drapeau blanc, le Moniteur en ont rendu un compte favorable; le Journal du commerce, du 20 octobre 1825, en parle en ces termes:

« Il vient de paraître un ouvrage comme on n'en fait guère aujourd'hui, une Grammaire universelle, classique et polémique, en 3 vol. in-8°.

« Une grammaire en trois volumes! Ce n'est pourtant pas une compilation; c'est un ouvrage mûrement médité et bien conçu. L'auteur s'est attaché à remplir les nombreuses lacunes qui restaient encore dans les divers traités sur la langue, à combattre les erreurs échappées à ses devanciers et à signaler les écueils qu'il faut fuir. M. Le François résiste courageusement aux auteurs avec lesquels il diffère de sentiments; mais d'un autre côté, il se plaît à invoquer les auteurs toutes les fois qu'ils doivent faire autorité : ainsi ce livre devient une encyclopédie grammaticale où toutes les lumières se trouvent réunies. La routine n'a rien conservé de son empire; les définitions ont subi des changements assez considérables. Les régles de la syntaxe sont clairement exposées; les participes sont présentés sous un jour nouveau qui doit faire cesser tous les doutes. « Cette nouvelle Grammaire, divisée avec beaucoup de méthode, offre une étude facile; c'est un bon livre de plus dont nos bibliothèques vont s'enrichir. »

l'esprit; ces opérations sont concevoir, juger et raisonner.

Concevoir, c'est discerner soit le genre, soit l'espèce, ou quelque attribut dont l'intellect a reçu l'impression; concevoir c'est tout à la fois, juger et raisonner; car on ne se fait une idée du genre qu'autant qu'on distingue des espèces qui se rangent sous un terme commun, et des espèces qui appartiennent à un autre genre.

On juge de quel genre dépend une espèce, en faisant ce raisonnement.

L'animal est un être organisé et doué de sensibilité; le cerf est organisé, il est doué de sensibilité : donc le cerf est un animal.

On juge de quelle espèce est un individu, en raisonnant de cette autre manière.

Un cerf est un animal quadrupède, ruminant, qui a les pieds fourchus et les cornes pleines et branchues; cette description convient à tel animal : donc cet animal est un cerf.

On juge de l'attribut d'un sujet en le comparant à un autre sujet, auquel convient le même attribut; exemples.

La *rondeur* est la forme d'une chose ronde, comme l'est une boule; l'idée de *rondeur* convient à la forme de la terre, comme à la forme d'une boule : donc la terre est *ronde*.

Toute vertu est louable; la patience est une vertu : donc la patience est *louable*.

Dans chacun de ces syllogismes on remarque trois jugements, et tous trois sont formés de la même manière; c'est-à-dire que chaque prémisse a ses prémisses, mais sous-entendues, comme on le voit si la majeure d'un syllogisme devient la conséquence d'un autre syllogisme. Nous allons donner pour exemple la majeure de l'argument qui précède, devenue la conséquence d'un autre syllogisme.

Ce qui porte au bien est *louable*; la vertu porte au bien : donc *la vertu est louable*.

Le jugement que nous portons de deux choses en tant que l'une convient à l'autre, s'appelle proposition; exemples.

L'eau est liquide. — La terre est ronde. — L'air n'est pas un élément.

§ II.

Dans une proposition, on distingue les termes d'une proposition; c'est-à-dire le sujet et l'attribut.

Le sujet est l'objet de notre pensée ou la chose dont on affirme, l'attribut est ce qu'on affirme; exemple.

Dieu est juste.

Dieu est le sujet de la proposition, il régit le verbe, *juste* en est l'attribut; *est* verbe marque l'affirmation et sert à lier le sujet avec l'attribut.

Il s'ensuit que toute proposition est composée au moins de deux termes et du verbe; cependant une proposition peut ne se composer que de deux mots; savoir du sujet et de l'attribut, en contraction avec le verbe; exemples.

Louis *aime*, ou Louis *est aimant*. — Paul *croit*, ou Paul *est croyant*.

Les simples éléments de la proposition se réduisent à ce peu de mots; néanmoins une proposition peut avoir plus d'étendue, si à un terme qui enferme le verbe et l'attribut, nous ajoutons un ou plusieurs noms ; exemples.

Charles aime *les lettres*, ou Charles *est aimant les lettres*. — Damase a donné *un bouquet*, à sa sœur Adélaïde. Dans ce dernier exemple, *Damase* est le sujet ou le nominatif de la proposition, *un bouquet* est en régime direct, *sa sœur Adélaïde* est un régime indirect ; ces termes sont les membres de la proposition.

La position du nom, par rapport au verbe se réduit à quatre ; savoir le nominatif ou le sujet de la proposition, l'accusatif ou le régime direct, le datif et l'ablatif, ces deux-ci sont toujours en régime indirect.

Cependant nne proposition ne doit pas avoir plus de quatre membres ; savoir le nominatif, le verbe et deux régimes, l'un direct et l'autre indirect, ou tous deux indirects ; exemples.

On a planté *un arbre, sur la place*. — Vous n'avez pas parlé *de cette affaire, à ma mère*.

Monsieur, quoique le mérite ait ordinairement *un avantage réel, sur la fortune* ; cependant, chose étrange, nous donnons toujours *la préférence, à celle-ci*.

Cette période se compose de deux propositions, chacune de quatre membres ; savoir le nominatif, le verbe et deux régimes, l'un direct, l'autre indirect. *

---

* « Girard a regardé comme membres de la phrase les incises, les
« adverbes et les conjonctions; ainsi, suivant cet auteur, chacune de
« ces deux propositions est de sept membres. »
Nous disons que les adverbes *ordinairement et toujours* sont des

§ III.

Considéré séparément, un nom joint à l'attribut, s'appelle régime du verbe ; mais si nous regardons l'attribut simple, et le régime du verbe comme dits également du sujet de la proposition, la dénomination d'attribut leur devient commune ; ainsi, nous entendons que l'attribut est tout ce qui est affirmé du sujet ou tout le complément du verbe.

Le sujet de la proposition est simple, multiple, complèxe, ou il est énoncé par un sens.

1° Le sujet est simple, quand il est énoncé par un nom seul, quel que soit le nombre de ce nom ; exemples.

La *nuit* approche. — Les *jours* sont courts. — Les *foréts* nous défendaient de l'ardeur du midi.

2° Le sujet est multiple, quand il se compose de plusieurs noms, comme dans les exemples qui suivent.

La *raison* ni la *vérité* ne persuadent pas toujours l'homme ; mais *ses yeux* et *ses oreilles* le mènent : *des fourrures*, *des faisceaux*, *des hoquetons*, *un vain éclat*, parlent plus haut que l'esprit et le savoir.

(Labruyère.)

L'inquiétude, les *chagrins*, *tous les maux*,

attributs qui tombent sur le verbe ; ils en modifient l'acception et ils s'y identifient ; le verbe et l'adverbe ne font qu'un seul membre.

La conjonction sert à passer d'une proposition à une autre, elle lie les deux propositions ; mais elle n'appartient ni à l'un ni à l'autre ; elle ne peut pas être un membre de phrase.

Les énonciations *Monsieur et chose étrange*, ne sont que des incises ; *Monsieur* est au vocatif, *chose étrange* est une espèce d'interjection.

(*Voyez la Grammaire universelle.*)

s'enfuient loin de ces paisibles lieux ; la *pauvreté*, la *douleur*, les *regrets*, les *craintes*, l'*espérance même*, qui donne souvent autant de peine que les craintes, les *divisions*, les *dégoûts*, le *dépit*, les *remords*, la *maladie ni la mort*, ne peuvent y pénétrer.

(FÉNELON.)

3° Le sujet est complèxe * ou composé quand le nom est accompagné de quelques termes qui en déterminent l'acception, tels sont un nom au génitif, une proposition déterminative ; exemples.

Un homme *du peuple* entend dire qu'il paraît un prodige ; il assure que c'est un prodige.

(LABRUYÈRE.)

Un homme *qui donne sa parole d'honneur à tout propos*, finit par s'imaginer qu'on doit croire qu'il a de l'honneur ; il le croit presque lui-même.

Une *certaine* retenue *dans la conduite*, fait qu'un talent reste ignoré ; l'obscurité est le partage de la modestie.

(LABRUYÈRE.)

4° Le sujet énoncé par un sens, est un assemblage de mots qui n'ont que la valeur d'un nom seul ; exemples.

Savoir se juger est ce qu'on apprend le plus difficilement et le plus tard.

Être infatué de soi-même et se persuader for-

---

* Un sujet peut être tout à la fois multiple et complèxe ; exemple. « Les biens sont communs ; *les fruits des arbres, les légumes de la terre, le lait des troupeaux*, sont des richesses si abondantes que ces peuples, sobres et modérés, n'ont pas besoin de les partager. »

(FÉNELON.)

tement qu'on a beaucoup d'esprit, est un accident qui n'arrive guère qu'à ceux qui n'ont que peu ou point de mérite.

(Labruyère.)

Observation.

Un nom en régime peut, comme un nominatif, être simple, multiple ou complexe; la dénomination qui sous ce point de vue convient à un membre de la proposition, se dit aussi de la proposition elle-même : ainsi, toute proposition, quelle qu'elle soit sous d'autres rapports, est simple, multiple ou complexe.

Une proposition est multiple, c'est-à-dire qu'elle est équivalente à plusieurs propositions simples; exemples.

Le *brodeur* et le *confiseur* seraient inutiles, si on était modeste et sobre.

Le flatteur n'a pas assez bonne opinion *de lui ni des autres.*

> Mais *la nuit* aussitôt, de ses ailes affreuses,
> *Couvre* des Bourguignons les campagnes vineuses,
> *Revole* vers Paris et, hâtant son retour,
> Déjà de Montlhéri *voit* la fameuse tour.

(Boileau.)

Voici les propositions simples « le brodeur serait *inutile si on était modeste*; le confiseur serait *inutile si on était sobre.* »

« Le flatteur n'a pas assez *bonne opinion de lui*; le flatteur n'a pas assez *bonne opinion des autres.* »

« La *nuit* de ses ailes *couvre* les campagnes des Bourguignons; la *nuit revole* vers Paris; la *nuit voit* la tour de Montlhéri. »

§ IV.

Les propositions s'envisagent encore sous divers autres points de vue, soit par rapport à la construction, à la signification, à l'étendue ou à l'ensemble; et toute proposition ou toute phrase prend une dénomination analogue au rapport sous lequel elle se présente.

Si on considère les propositions sous le rapport de la construction [*], on distingue la proposition absolue de la relative, la principale de la subséquente, encore la principale de la subordonnée, la déterminative de l'explicative, l'explicite de l'implicite; on distingue l'incise de toute autre proposition :

1° La proposition absolue enferme un sens qui ne laisse rien à attendre; elle est aussi complète que la période; exemples.

> Le juste ne craint pas la mort.

> L'innocence est une source de bonheur.

> La douleur qui se tait n'en est que plus funeste.
>
> (RACINE.)

Observation.

Plusieurs propositions absolues peuvent, dans

[*] Nous ne parlerons pas ici des diverses dénominations que prennent ces mêmes propositions, soit par la signification, soit par l'ensemble, soit par l'étendue ; telles les adversatives, les conditionnelles, les hypothétiques, les concessives, les déclaratives, les comparatives, les augmentatives, les causatives, etc; toutes ces propositions sont toujours des propositions corrélatives et subséquentes. On les reconnaît à la manière de signifier, et de même les interrogatives. Quant aux propositions universelles, particulières ou singulières, on les reconnaît à l'étendue du sens; elles prennent d'ailleurs en outre la dénomination qui leur convient d'après la construction. (*Voyez la Grammaire universelle.*)

une période, former un tableau qui fait image,
elles concourent à un même but; nous les appe-
lons *congénères* (*voyez* p. 17); exemples.

> Partez; (à vos honneurs j'apporte trop d'obstacles)
> *Vous même dégagez la foi de vos oracles,*
> *Signalez ce héros à la Grèce promis,*
> *Tournez votre douleur contre vos ennemis;*
> Déjà *Priam pâlit*, déjà *Troie* en alarmes
> *Redoute mon bûcher et frémit de vos larmes;*
> Allez, et, dans ses murs vides de citoyens,
> Faites pleurer ma mort aux veuves des Troyens.
>
> (RACINE. -- *Iph.*)

> Quand vous me haïriez, je ne m'en plaindrais pas;
> Seigneur, vous m'avez vue attachée à vous nuire,
> (Dans le fond de mon cœur vous ne pouviez pas lire !)
> À votre inimitié, j'ai pris soin de m'offrir;
> *Aux bords que j'habitais, je n'ai pu vous souffrir,*
> En public, en secret, contre vous déclarée,
> *J'ai voulu par des mers en être séparée,*
> *J'ai même défendu*, par une expresse loi,
> *Qu'on osât prononcer votre nom devant moi.*
> Si pourtant, à l'offense, on mesure la peine,
> Si la haine peut seule attirer votre haine;
> Jamais femme ne fut plus digne de pitié,
> Et moins digne, seigneur, de votre inimitié.
>
> (RACINE.—*Ph.*)

> Tout l'empire n'est plus la dépouille d'un maître;
> *Le peuple au champ de Mars nomme ses magistrats,*
> *César nomme les chefs sur la foi des soldats,*
> *Thraséas au sénat, Corbulon dans l'armée,*
> *Sont encore innocents, malgré leur renommée;*
> Les déserts, autrefois peuplés de sénateurs,
> Ne sont plus habités que par leurs délateurs:
> Qu'importe que César continue à nous croire,
> Pourvu que nos conseils ne tendent qu'à sa gloire,
> Pourvu que dans le cours d'un règne florissant,
> Rome soit toujours libre et César tout-puissant ?
>
> (RACINE. - *Brit.*)

2° La relative est liée à une autre proposition, aussi relative; ces deux propositions,
qu'on appelle encore partielles ou corrélatives,
signifient inséparablement. L'une de ces deux

corrélatives est la principale *, l'autre est la subséquente ; elles s'unissent, soit par une conjonction, ou par quelque autre terme qui supplée à
la conjonction, ou le sens seul indique le rapport
qu'il y a entre les corrélatives ; exemples...

Je ressens votre joie, *autant que je le puis.*

(RACINE.)

Je meurs, *si je vous perds.*

Pour te mieux résister, j'ai recherché ta haine.

(RACINE.)

Parle-lui tous les jours des vertus de son père,
Et quelquefois aussi parle lui de sa mère.
Mais qu'il ne songe plus, Céphise, à nous venger ;
Nous lui laissons un maître, il le doit ménager.
Qu'il ait de ses aïeux un souvenir modeste ;
Il est du sang d'Hector, *mais il en est le reste.*

(RACINE.)

3° La proposition subordonnée est un membre de phrase énoncé par un sens; ce membre
est toujours régi par le verbe de la proposition
dont il dépend : cette espèce de proposition vue
grammaticalement n'est autre chose qu'un régime ; exemples.

J'ai cru *que des présents calmeraient son courroux.*

(RACINE. — *Ath.*)

---

* La corrélative *principale* est ainsi appelée, tant pour marquer
qu'elle énonce la pensée qui se présente la première, celle qu'on veut
faire entendre, que pour la distinguer de la partielle ou relative subséquente; celle-ci ne s'offre à l'esprit que comme un modificatif.
« *Je meurs si je vous perds.* » « *Je meurs* » est la proposition principale. « *Si je vous perds,* » cette dernière est une proposition subséquente, qui vient déterminer l'étendue ou la signification de la proposition principale ; les deux ensemble font un sens total.
    La proposition subséquente, dans l'ordre des idées, vient toujours
la seconde, cependant elle peut être énoncée la première; exemple.
    Quand je l'aurais voulu, fallait il y souscrire?

(RACINE.)

Tu l'as vu comme elle m'a traité.
(RACINE.)

Je vois de quel succès leur fureur fut suivie
Et , que , dans les tourments , ils laissèrent la vie.
(RACINE. — Esth.)

..... Toutefois j'ose encore lui dire
Qu'il doit , avant ce coup, affermir son empire,
Et *que,* me réduisant à la nécessité
D'éprouver contre lui ma faible autorité,
Il expose la sienne, et *que ,* dans la balance,
Mon nom peut-être *aura plus de poids qu'il ne pense.*
(RACINE. — Brit.)

4° La proposition déterminative vient approprier l'antécédent du relatif à la chose qu'il signifie ; l'antécédent et la déterminative n'ont que la valeur d'un nom , les deux ensemble sont un seul membre ; exemples.

L'apôtre qui renia Jésus - Christ, pleura amèrement sa faute. (De même, *Pierre* pleura amèrement sa faute.)

Chantez, louez le Dieu que vous venez chercher.
(RACINE.)

5° L'explicative * toujours séparée de l'anté-

---

* Les grammairiens appellent indistinctement *incidentes*, les propositions déterminatives et les propositions explicatives ; néanmoins ces deux espèces de propositions diffèrent essentiellement. On peut quelquefois les ranger il est vrai sous la même dénomination , mais il faut ne pas oublier que la proposition déterminative est inséparable de l'antécédent du relatif ; on ne peut pas la retrancher sans que l'acception de l'antécédent en soit altérée, au point que le sens de la proposition principale n'est plus le même ; exemple.
L'homme qui présume trop de lui-même est sujet à s'égarer.
Si on disait « *l'homme est sujet à s'égarer* » le sens au lieu d'être singulier serait universel ; au lieu de ne s'appliquer qu'à une partie des hommes, qu'à « ceux qui présument trop d'eux-mêmes, » il s'appliquerait à toute l'espèce. C'est ainsi qu'on reconnaît la proposition déterminative à ce qu'elle est nécessaire au sens ; c'est un modificatif.
La proposition explicative au contraire est une incise ; elle

cédent du relatif, n'influe pas sur l'acception de cet antécédent ; elle vient seulement énoncer une action produite par ce sujet ou un attribut qui tombe dessus ; exemple.

> Tandis que *mon faquin, qui se voyait priser,*
> Avec un ris moqueur, les priait d'excuser.
>
> (Boileau.)

Comment ce peuple, *qui se pique d'être le plus subtil*, a-t-il si mal entendu la volonté du testateur ?

Les pins, *gémissant sous le coup de la hache,* tombent en roulant du haut des montagnes ; les chênes, ces vieux enfants de la terre, *qui semblaient menacer le ciel*, les hauts peupliers, les ormeaux, *dont les têtes sont si vertes et ornées d'un épais feuillage ;* les hêtres, *qui sont l'honneur*

peut toujours être supprimée, sans que le sens de la proposition principale en soit altéré ; exemples.

1° *Dieu, qui est bon,* ne nous abandonnera pas.

Nous supprimons la proposition explicative, le sens de la proposition principale reste le même ? « *Dieu ne nous abandonnera pas.* »

2° Romulus peupla Rome de gens ramassés, *qui venaient chercher l'impunité.*

Nous voyons que la proposition incidente est explicative parce qu'elle ne modifie pas le substantif qui la soutient, et qu'elle n'ajoute rien à la proposition principale ; c'est une circonstance qu'on peut ne pas énoncer. « Romulus peupla Rome de gens ramassés. »

Observation. La déterminative et l'explicative peuvent être matériellement identiques ; exemples.

1° Comptez-vous pour rien *le Dieu qui combat pour nous ?*

La proposition incidente est déterminative parce qu'elle tombe sur un nom appellatif et qu'elle en détermine l'étendue.

2° Comptez-vous pour rien *Dieu, qui combat pour nous ?*

La proposition incidente ici est explicative, parce qu'elle tombe sur un nom propre, sur un nom dont l'acception n'a pas besoin d'être modifiée.

« Comptez-vous *Dieu* pour rien ? »

des foréts, viennent tomber sur le bord du fleuve Galèse.

(FÉNELON.)

Le courage, *qui fait les héros en leur faisant affronter les dangers*, la vertu, *qui fait les sages* en les rendant supérieurs aux passions, établissent une grande différence entre les uns et les autres. (*Ext. de la Gram. de Sicard.*)

6º La proposition explicite (quelle qu'elle soit d'ailleurs) est une proposition pleine, c'est-à-dire, que pas un mot n'est sous-entendu.

Dieu, *qui est le maître de la nature entière*, n'est pas ce que l'erreur le figure à vos yeux.

Dans cette phrase nous voyons deux propositions, la principale et l'explicative ; elles sont toutes deux explicites parce qu'il n'y manque aucun terme ; l'implicite ou l'elliptique au contraire manque de quelques mots sous-entendus ; exemple.

> Ce Dieu, *maître absolu de la terre et des cieux*,
> N'est pas tel que l'erreur le figure à vos yeux.

La proposition incidente est elliptique, parce que ces mots « *qui est* » sont sous-entendus. « Ce Dieu *qui est* le maître absolu de la terre, etc., et de même ce vers, souvent cité, est elliptique aussi.

> Je t'aimais inconstant, qu'aurais je fait fidèle ?

(RACINE -- *And.*)

Voici la construction pleine. « Je t'aimais, *bien que tu fusses inconstant*, que *n'*aurais-je *pas* fait *si tu avais été* fidèle ? »

7° Enfin l'incise doit être distinguée de toutes les autres propositions, non pas quant à l'ensemble ni à la signification ; mais seulement en ce qu'elle est isolée de toutes les parties de la proposition ou de la période qui l'enferme : c'est un sens détaché, qui grammaticalement est en dehors. L'incise peut n'être qu'une simple énonciation ; exemples.

> A ces mot, *mais trop tard*, reconnaissant ma faute,
> Je le suis, en tremblant, dans une chambre haute.
>
> (BOILEAU.)

> Que vous semble, *a-t-il dit*, du goût de cette soupe ?
>
> (BOILEAU.)

> Et jamais, *quoi qu'il fasse*, un mortel ici bas
> Ne peut, *aux yeux du monde*, être ce qu'il n'est pas.
>
> (BOILEAU.)

> Mon mal vient de plus loin ; à peine au fils d'Égée,
> *Sous les lois de l'hymen*, je m'étais engagée,
> *Mon repos, mon bonheur semblait être affermi !*
> Athènes me montra mon superbe ennemi.
>
> (*Phèdre.*)

> (*Extrait de la Grammaire de Sicard.*)

§ V.

Plusieurs propositions, liées par le sens ou par quelque conjonction, s'appellent *période*. La période est ordinairement de deux, de trois ou de quatre membres ; si elle excède quatre membres, on l'appelle discours périodique ; exemples.

Soyez en garde contre votre humeur, c'est un ennemi qui ne vous quittera jamais ; il entrera dans vos conseils, et, si vous l'écoutez, il vous trahira : l'humeur fait perdre les occasions les plus favorables, et décider sans dicernement des affaires les plus importantes ; elle paralyse les talents et ravale la vertu.

Après cet entretien, Adoam fit servir un magnifique repas ; et pour témoigner toute sa joie, il rassembla tous les plaisirs dont on pouvait jouir. Pendant le repas, qui fut servi par de jeunes Phéniciens, vêtus de blanc et couronnés de fleurs, on brûla des parfums de l'Orient les plus exquis ; les bancs des rameurs étaient pleins de joueurs de flûte ; Achitoas les interrompait de temps en temps par les doux accords de sa lyre, dignes d'être entendus à la table des dieux, et même de ravir les oreilles d'Apollon. Les Tritons, les Néréides, toutes les divinités qui obéissent à Neptune, même les monstres marins, charmés par cette mélodie, sortaient de leurs grottes humides et profondes, pour venir au bord du vaisseau ; une troupe de jeunes Phéniciens d'une rare beauté et vêtus de lin fin, plus blanc que la neige, dansèrent long-temps des danses de leur pays, puis celles de l'Égypte, puis celles de la Grèce ; de temps en temps des trompettes faisaient retentir l'onde jusqu'aux rivages éloignés : le silence de la nuit, le calme de la mer, la tremblante lumière de la lune, répandue sur la face des ondes, le sombre azur du ciel, semé de brillantes étoiles, servaient à rendre ce spectacle encore plus beau.

(FÉNELON.)

Le Sénat, dont l'approbation tenait lieu de récompense, savait louer les services rendus à la république et blâmer les fautes, quand il le fallait. Incontinent après le combat, les consuls et les généraux donnaient publiquement aux soldats la louange ou le blâme qu'ils méritaient ; mais eux-mêmes, ils attendaient en suspens le jugement du sénat, qui jugeait de la sagesse des conseils, sans se laisser éblouir par les évènements ; les louanges étaient précieuses parce qu'elles se donnaient avec connaissance ; le blâme piquait au vif les cœurs généreux, et retenait les plus faibles dans le devoir. Les châtiments qui suivaient les mauvaises actions, tenaient les soldats dans la crainte, pendant que les récompenses et la gloire, bien dispensées, les élevaient au-dessus d'eux-mêmes.

Qui peut mettre, dans l'esprit des peuples, la patience dans les travaux et dans la fatigue, la grandeur de la nation, l'amour de la gloire et de la patrie, peut se vanter d'avoir trouvé la constitution la plus propre à produire de grands hommes, et à affermir un état ; c'est sans doute les grands hommes, qui font la force d'un empire. La nature ne manque pas de donner, dans tout pays, des esprits et des courages élevés, mais il faut lui aider à les former ; ce qui achève ces grands courages, c'est des sentiments forts et de nobles impressions qui se communiquent de l'un à l'autre, qui animent tous les esprits et qui échauffent tous les cœurs : qu'est-ce qui rend les soldats français si courageux, si intrépide dans les combats, et si hardis dans les attaques et dans les entreprises les plus périlleuses ? c'est cette opinion commune à toute la nation et qui germe dans nos âmes dès l'enfance, qu'un soldat sans cœur, sans courage se rend indigne de son pays, qu'il est indigne du jour qu'il a reçu.   (BOSSUET.)

TABLE DES MATIÈRES.

ERRATA.

P. 7 , Un si bas, si honteux, si faux chistianisme
ne vaut pas, etc.

Ces deux vers doivent être placés à la fin du p graphe , avec les exemples n° 3.

P. 10, lig. 32, lisez « dans ses *plaisants* accès

P. 14 , lig. 19 , lisez « daigne, mon Dieu ,

P. 14 , lig. 21 , lisez « de la chute des Rois,

P. 16 , rien n'est beau, je reviens, que

P. 17 , lig. 4 , lisez « de lui ; mais

P. 17 , lig. 21 , lisez « un jeudi,

P. 20 , lig. 21 , lisez « ordonne, et reviens

P. 20 , lig. 34 , lisez « partons ; et, quelque

P. 21 , lig. 5 , lisez « ont peu

P. 23 , lig. 28 , lisez « absolue, *soit multiple ou complexe*

P. 24 , 3me exemple, rétablissez le 5e et le 6e vers entre
2e et le 3e.

P. 31 , lig. 10 , lisez « Xénophon, dans l'air, heurte

P. 38 , lig. 30 , lisez « les *Graque*

P. 47 , lig. 19 , lisez « toute fois

P. 48 , lig. 8 , lisez « ou *s'il* n'est

P. 51 , lig. 27 , lisez « à vous déplaire.

P. 53 , lig. 2 , lisez « tantôt *deux points* ,

P. 61 , lig. 9 , lisez « Socrate, qui

P. 72 , lig. 8 , lisez « des regards flatteurs, un

P. 88, dernière lig. , supprimez le petit qué et le mot *exemple*

TRAITÉ

DE LA PONCTUATION.

La ponctuation indique principalement qu'un membre de phrase est multiple, ou que le sens est suspendu, ou que la période est complète.

Les règles de la ponctuation ne sont pas problématiques; « Cependant (dit Condillac) quelquefois on ne sait pas si on doit mettre deux « points ou un point et une virgule, quelquefois « on ne sait s'il faut deux points ou s'il n'en faut « qu'un; mais si l'on est embarrassé, on peut « ponctuer comme on le juge à propos. »

Si quelquefois, comme le dit Condillac, on est embarrassé, c'est qu'on ne saisit pas le rapport qu'il y a entre les diverses parties de la période, c'est, disait Du Marsais, que la tête et la main agissent, comme les jambes, sans qu'on sache comment. Si au contraire on s'accoutumait à faire l'anatomie ou la décomposition du discours, si on s'accoutumait à saisir les rapports qu'il y a entre toutes les parties de la période, la ponctuation n'aurait rien d'épineux; une équivoque ni un vice de construction ne pourraient pas échapper; familier avec cette espèce de langage (1), on deviendrait habile à redresser les écarts de l'intellect et sur-tout les fautes qui échappent facilement dans le travail; on saurait polir les écrits et le lecteur saurait les lire ; la littérature ne serait pas infectée de tant d'ouvrages remplis d'incorrections et de pensées fausses et mal digérées ; cependant accueillies de la multitude, parce que, faute de faire l'analyse, on prend le clinquant pour du solide ; on place Mérope à côté d'Andromaque.

Ne pensons pas que la ponctuation soit nécessaire, comme le dit Girard, pour marquer les repos qu'exige la prononciation, « afin de faire de « nouvelles provisions d'air à mesure qu'elle en « dépense. » Il n'est pas besoin de marquer ces repos. Les poëtes ne recourent pas à la ponctuation pour indiquer la césure ; de même, si d'ailleurs les pauses n'étaient pas assez fréquentes, le lecteur pourrait toujours reprendre haleine, soit entre le nominatif et le verbe, soit entre le verbe et son régime, soit après tout autre sens ; encore que le repos ne soit pas marqué.

Si les pauses sont plus longues les unes que les autres, ce n'est donc pas « pour marquer, comme « le dit Girard, les endroits où il convient de se « reposer pour respirer, ni combien de temps on « doit y mettre, ni quelle quantité d'air le lecteur « peut avoir besoin de faire provision ; » c'est pour marquer la gradation du discours, c'est-à-dire les rapports plus prochains ou plus éloignés qu'il y a d'une énonciation ou d'une phrase à une autre.

Ainsi, repoussant cette fantastique et puérile cause de la nécessité de faire une *nouvelle provision d'air*, que Beauzée appelle le besoin de respirer, nous indiquons les pauses selon que chaque partie et l'ensemble le demandent, ménageant d'ailleurs les repos de manière à passer par gradation du plus faible au plus fort.

Les signes de la ponctuation sont la virgule (,), le point et virgule (;), les deux points (:), le point (.), le point d'interrogation (?), le point d'admiration (!), les parenthèses () et les crochets [ ]; le point de séparation (—) et les guillemets («») dépendent aussi de la ponctuation.

LEÇON PREMIÈRE.

De la Virgule.

La virgule marque la pause la plus courte qu'il y ait dans le discours; c'est le signe dont l'usage est le plus varié.

Ce signe est nécessaire, s'il fait mieux sentir l'intervalle qu'il y a d'un terme à l'autre; il est nécessaire surtout, s'il importe à la clarté, s'il dissipe quelque équivoque. Mais la virgule doit être négligée, si la décomposition de la phrase ne peut pas échapper aux regards du lecteur un peu exercé et que le repos soit presque insensible; on doit surtout la négliger si elle donne au discours un air languissant. En effet, si on emploie la virgule toutes les fois que l'analyse l'admet, le discours se trouve surchargé d'une quantité de virgules plus propres à fatiguer les yeux et l'attention qu'à contribuer à la netteté du langage; sous ce rapport, l'usage de la virgule demande autant de goût que de jugement. Venons à ses principaux emplois.

1.

§ 1er.

La virgule se met avant et après l'incise ; nous rangeons parmi les incises les noms mis en apostrophe.

EXEMPLES.

Lorsqu'on parlera des choses qui rendront notre siècle l'admiration des siècles à venir, Corneille, *n'en doutons pas*, tiendra sa place parmi toutes ces merveilles. (RACINE.)

Sylla, *dans la guerre contre Mithridate*, laissait enrichir ses soldats pour les gagner.   (BOSSUET.)

Dans les choses qui demandent une grande sagacité, le mieux c'est le moins mal.

Le monde, *à mon avis*, est comme un grand théâtre
Où chacun en public, *l'un par l'autre abusé*,
Souvent à ce qu'il est joue un rôle opposé.
(BOILEAU, Sat. XI.)

Tu pleures, *malheureuse ?* Ah ! tu devais pleurer,
Lorsque, *d'un vain désir à ta perte poussée*,
Tu conçus, de le voir, la première pensée.
(RACINE. — Bajazet.)

Nous voyons qu', *attendu* (2) *ou donné*, Jésus-Christ a été, *dans tous les temps*, la consolation et l'espérance des enfants de Dieu.   (BOSSUET.)

Un d'eux voyant la terre en brique au feu durcie
Vaincre l'effort des ans, il eut la même envie ;
Et, *nouvel Empédocle, aux flammes condamné*
   Par sa propre et pure folie,
Il se lança dedans.
(LA FONTAINE. — L. IX, F. XII.)

Madame, ou je me trompe, ou durant vos adieux,
Quelques pleurs répandus ont obscurci vos yeux.
(RACINE. — Brit.)

Et ne suffit-il pas, *seigneur*, à vos souhaits,
Que le bonheur public soit un de vos bienfaits !
(RACINE. — Brit.)

Ah ! monsieur, *m'a-t-il dit*, je vous attends demain.
(BOILEAU.)

Montrez-nous , *guerriers magnanimes ,*
Votre vertu dans tout son jour.

(J. B. Rousseau.)

§ II.

La virgule vient avant et après les propositions explicatives (3). D'ailleurs ces propositions sont toujours en incises.

EXEMPLES.

La jeunesse , *qui les voyait ,* apprenait de bonne heure la science d'obéir et celle de commander.   (Bossuet.)

Mais le roi , *qui sait bien ce qui doit en arriver ,* ne semble porter aucune attention à leurs démarches.
(Racine.)

Les Volsques , *toujours battus par les Romains ,* voyaient Coriolan à leur tête ; ils espéraient se venger.
(Bossuet.)

Alexandre , *roi de Macédoine , maître de toute l'Asie jusqu'au Gange ,* ne put se vaincre lui-même ni conserver ses conquêtes.   (Bossuet.)

Sardanapale , *célèbre par ses infamies ,* devint non-seulement méprisable , mais encore il devint insupportable à ses sujets.   (Bossuet.)

Les gémissements des malheureux plaideurs , *qu'il croyait entendre nuit et jour ,* étaient pour lui une perpétuelle et vive sollicitation.   (Bossuet.)

Tous les peuples se précipitaient dans l'idolâtrie ; Dieu promit au saint patriarche qu'en lui et en sa semence, ces nations , *aveugles et qui oubliaient leur créateur ,* seraient bénites.   (Bossuet.)

Jacob eut douze enfants , *qui furent les douze patriarches auteurs des douze tribus.*   (Bossuet.)

Le sceptre ne sortira point de Juda jusqu'à ce que vienne celui qui doit être envoyé et qui sera l'attente des peuples , ou comme porte une autre leçon , *qui peut-être n'est pas moins ancienne, et qui au fond ne diffère pas de celle-ci,* « jusqu'à ce que vienne celui à qui toutes choses sont réservées. »   (Bossuet.)

Les iniquités des Amorrhéens, *dont il voulait leur donner la terre et les dépouilles,* n'étaient pas encore, comme il le déclare à Abraham, au comble où il les attendait pour les livrer à la dure et impitoyable vengeance qu'il voulait exercer sur eux, par les mains de son peuple élu.   (Bossuet.)

Quand ces rois, *qui pouvaient vous disputer ce rang,*
Sont prêts, pour vous servir, à verser tout leur sang.
     (Racine. — *And.*)

Moi, *qui* contre l'amour fièrement révolté,
Aux fers de ses captifs ai long-temps insulté,
Qui, des faibles mortels déplorant les naufrages,
Pensais toujours du bord contempler les orages,
Par quel trouble me vois-je emporté loin de moi !
     (Racine.—*Ph.*)

Roxane en sa fureur peut raisonner ainsi ;
Mais moi, *qui vois plus loin, qui,* par un long usage,
Des maximes du trône ai fait l'apprentissage,
Qui, d'emplois en emplois, vieilli sous trois sultans,
Ai vu de mes pareils les malheurs éclatants,
Je sais, sans me flatter, que, de sa seule audace,
Un homme tel que moi doit attendre sa grâce,
Et qu'une mort sanglante est l'unique traité
Qui reste entre l'esclave et le maître irrité.
     (Racine. --*Bajazet.*)

§ III.

La virgule vient encore ordinairement après toute énonciation transitive.

EXEMPLE.

Pour moi, quoique le ciel, au gré de mon amour, dût retarder encore le retour des vents, et que je quitte à regret la rive sur laquelle je vais allumer les flambeaux de l'hyménée, puis-je ne point chérir l'occasion d'aller dans les murs de Troie venger les injures du nom auquel le mien s'allie ?   (Iphigénie.)

(1) Si nous mettons quelques vers de Racine en prose, ce n'est

Ce fondement posè, ne trouvez pas mauvais,
Qu'en ces fables aussi j'entremêle des traits
De certaine philosophie.

(Liv. x, Fab. 1.)

§ IV.

La virgule décompose les membres et les attributs multiples (4).

1° Le nominatif, exemples.

Thalès, Pythagore, Pittacus, Lycurgue, Solon, Philolas et tant d'autres empêchèrent que la liberté ne dégénérât en licence.   (BOSSUET.)

Au défaut de la fortune, les qualités de l'esprit, *de grands desseins,* de vastes pensées pourront nous distinguer du reste des hommes ? Gardez-vous bien de le croire, parce que toute pensée qui n'a pas Dieu pour objet est du domaine de la mort.   (BOSSUET.)

Adam entre dans les sentiments du tentateur; *une trompeuse curiosité,* une *orgueilleuse et flatteuse pensée,* le plaisir d'agir de lui même l'attirent et l'aveuglent.

(BOSSUET.)

Un si bas, si honteux, si faux christianisme,
Ne vaut pas, des Platons, l'éclairé paganisme.

(BOILEAU.)

Les Romains n'épargnaient rien, ni pour la grandeur, ni pour la beauté de la ville; les principaux temples, *les marchés, les bains, les places publiques, même les cloaques et les égoûts de la ville étaient* d'une magnificence qui paraîtrait incroyable, si elle n'était pas attestée par tous les historiens.   (BOSSUET.)

Constance lui-même défit les Sarmates et marcha contre les Perses. A cette époque, *paraissent la révolte de Julien, son apostasie, la mort de Constance, le règne de*

pas, comme certains critiques se complaisent à le faire, pour lui prêter des intentions, pour torturer le sens, mais seulement pour faire remarquer combien il est difficile d'écrire en vers.

*Julien, son gouvernement équitable, et le nouveau genre
de persécution qu'il fit souffrir à l'église.*   (BOSSUET.)

On est encore effrayé quand on considère que ces nations, qui sont à présent des royaumes si redoutables ;
toutes les Gaules, toutes les Espagnes, la Grande-Bretagne
presque tout entière, l'*Illyrique* jusqu'au Danube, la *Germanie* jusqu'à l'Elbe, l'*Afrique* jusqu'à ses déserts affreux et
impénétrables, *la Grèce, la Thrace, la Syrie, l'Egypte,
tous les royaumes de l'Asie mineure,* ceux qui sont ren-
fermés entre le Pont-Euxin et la mer Caspienne, et ceux
que j'oublie ou que je ne veux pas rapporter, n'ont été,
durant plusieurs siècles, que des provinces romaines.

                                              (BOSSUET.)

2° Le régime, exemples.

En un mot, parcourons et la mer et la terre,
*Interrogeons marchands, financiers, gens de guerre,
Courtisans, magistrats,* chez eux, si je le croi,
L'intérêt ne peut rien, l'honneur seul fait la loi.

                                      (BOILEAU, Sat. II.)

*Je n'aperçois partout que folle ambition,
Faiblesse, iniquité, fourbe, corruption,
Qu'un ridicule orgueil de lui-même idolâtre.*

                                              (ID.)

Le concile frappa d'anathème un évêque célèbre par sa
doctrine, *un patriarche d'Alexandrie,* quatre *patriarches*
de Constantinople, c'est-à-dire tous les auteurs de la
secte des monothélites, sans épargner le pape Honorius,
qui les avait ménagés.   (BOSSUET.)

Quand vous voyez les Assyriens (anciens et nouveaux),
les Mèdes, les Perses, les Grecs, les Romains se présenter
devant vous successivement et tomber, pour ainsi dire,
les uns sur les autres, ce fracas effroyable vous fait sentir
qu'il n'y a rien de solide parmi les hommes, et que l'in-
constance et l'agitation est le partage des choses humaines.   (BOSSUET.)

Je n'ai pas besoin de vous parler de Clovis, *de Charle-*

magne ni de Saint-Louis; considérez seulement le temps où vous vivez et de quel père, Dieu vous a fait naitre.

L'ardeur qu'Alexandre avait d'accroître tous les jours son nom, faisait que pour le moindre degré de gloire, il s'exposait à tous les travaux, *à tous les périls, à mille morts.*   (Bossuet.)

L'Ecriture nous marque distinctement la création du monde, *celle de l'homme en particulier, le bonheur de son premier état, les causes de ses misères* et de ses faiblesses, *la corruption du monde, le déluge, l'origine des* arts et celle des nations, *la distribution des terres,* enfin la propagation du genre humain.   (Bossuet.)

> *On verra les abus,* par ta main réformés,
> *La licence et l'orgueil* en tous lieux réprimés,
> Du débris des traitants, *ton épargne grossie,*
> Des subsides affreux, *la rigueur adoucie,*
> *Le soldat* dans la paix sage et laborieux,
> *Nos artisans* grossiers rendus industrieux,
> *Et nos voisins* frustrés de ces tributs serviles
> Que payait à leur art le luxe de nos villes.
>
> (Boileau, Ep. i.)

Ces empires ont, pour la plupart, une liaison nécessaire avec l'histoire du peuple de Dieu; Dieu s'est servi des Assyriens et des Babyloniens pour châtier le peuple, *des Perses* pour le rétablir, *d'Alexandre* et de ses premiers successeurs pour le protéger, *d'Antiochus* et de ses successeurs pour l'exercer, *des Romains* pour soutenir sa liberté contre les rois de la Syrie, qui ne songeaient qu'à la détruire; les juifs ont duré jusqu'à Jésus-Christ sous la puissance des Romains.   (Bossuet.)

Romulus peupla Rome de gens ramassés, *bergers, esclaves, voleurs,* qui venaient chercher la franchise et l'impunité.   (Bossuet).

3° Les adjectifs, exemples.

> Prenez mieux votre ton; *soyez simple* avec art,
> *Sublime* sans orgueil, *agréable* sans fard.
>
> (Boileau. -- *Art Poét* , chap. 3.)

> Je ne dirai qu'un mot; la fille qui m'enchante,
> *Noble, sage, modeste, humble, honnête, touchante,*

N'a pas un des défauts que vous m'avez fait voir.

(BOILEAU, S. X.

Darius qui régnait en Perse, du temps d'Alexandre, était juste, *vaillant, généreux, aimé* de ses peuples ; il ne manquait ni d'esprit ni de vigueur, pour exécuter ses desseins.

(BOSSUET.)

Ce censeur, qu'ils ont peint si noir et si terrible,
Fut un *esprit doux, simple, ami de l'équité.*

(BOILEAU.)

§ V.

La virgule figure dans les sujets complexes, toutes fois qu'ils se composent de plusieurs propositions déterminatives ; elle sépare ces propositions, qu'elles soient explicites ou implicites.

EXEMPLE.

Rome ménageait ses forces contre un ennemi qui venait des bords de l'Afrique, *que le temps devait détruire, et à qui* ses victoires mêmes étaient fatales.   (BOSSUET.)

Tel fut cet empereur sous *qui Rome adorée*
Vit renaître les jours de Saturne et de Rhée,
Qui rendit, de son joug, l'univers amoureux,
Qu'on n'alla jamais voir sans revenir heureux,
Qui soupirait le soir, si sa main fortunée
N'avait, par des bienfaits, signalé la journée;
Le cours ne fut pas long d'un empire si doux.
Mais où cherché-je ailleurs ce qu'on trouve chez nous ?

(BOILEAU.)

Pensez-vous qu'après tout, ses mânes en rougissent,
Qu'il méprisât, Madame, un roi victorieux
Qui vous fait remonter au rang de vos aïeux,
Qui foule aux pieds, pour vous, vos vainqueurs en colère,
Qui ne se souvient plus qu'Achille était son père,
Qui dément ses exploits et les rend superflus?

(RACINE.)

Mais un auteur malin, *qui rit et qui fait rire,*
Qu'on blâme en le lisant et pourtant qu'on veut lire,
Dans ses propres accès, *qui se croit tout permis,*
De ses propres rieurs, se fait des ennemis.

(BOILEAU.)

De tous les peuples du monde, le plus fier et le plus hardi, mais ensemble le plus réglé dans ses conseils, *le plus constant dans ses maximes, le plus laborieux* et le plus patient, c'est le peuple romain. (Bossuet.)

Serons-nous contents d'une pénitence commencée à l'agonie? d'une pénitence qui n'aura jamais été éprouvée, *dont on n'aura jamais eu aucun fruit?* d'une pénitence douteuse, *imparfaite, nulle?* ou, si vous le voulez, d'une pénitence sans force, *sans réflexion, sans loisir* pour en réparer les défauts? (Bossuet.)

Que comprenons-nous dans ce mystère où le Seigneur de gloire est chargé d'opprobre, *où la sagesse divine est traitée de folie, où celui qui,* assuré en lui-même de sa grandeur, *n'a pas cru s'attribuer trop* quand il s'est dit égal à Dieu, s'est anéanti lui-même jusqu'à subir la mort. (Bossuet.)

§ VI.

La virgule trouve sa place entre le verbe et la proposition déterminative qui le précède, si un nom substantif la termine, qu'il soit accompagné ou non d'un adjectif.

EXEMPLE.

L'astre *dont la présence écarte la nuit sombre,*
  Viendra bientôt recommencer son tour;
O vous, noirs ennemis *qui vous glissez dans l'ombre,*
  Disparaissez à l'approche du jour.
(Racine.)

Celui *qui sait conserver et affermir un état,* a trouvé un plus haut point de sagesse que celui qui sait gagner des batailles. (Bossuet.)

Qui *méprise Cotin* (5), *n'estime* point son roi,
Il n'a, selon Cotin, ni Dieu, ni foi, ni loi.
(Boileau, S. ix.)

§ VII.

De même que la virgule se met entre deux propositions déterminatives, elle se voit entre deux propositions subordonnées.

EXEMPLES.

Promettez, sur ce livre et devan ces témoins,
Que Dieu sera toujours le premier de vos soins,
Que, sévère aux méchants et des bons le refuge,
Entre le pauvre et vous, vous prendrez Dieu pour juge;
Vous souvenant, mon fils, que, caché sous le lin,
Comme eux vous fûtes pauvre et comme eux orphelin.
(RACINE.—*Athalie.*)

Il faut qu'en cent façons, pour plaire, il se replie,
Que tantôt il s'élève et tantôt s'humilie,
Qu'en nobles sentiments, il soit partout fécond,
Qu'il soit aisé, solide, agréable, profond,
Que de traits surprenants sans cesse il nous réveille,
Qu'il coure dans ses vers de merveille en merveille,
Et que tout ce qu'il dit, facile à retenir,
De son ouvrage en nous, laisse un long souvenir;
Ainsi la tragédie agit, marche, et s'explique.
(BOILEAU, *Art Poét.*)

N'attendez pas ici, Messieurs, que j'ouvre une scène tragique, *que je représente ce grand homme étendu sur ses trophées, que je découvre ce corps pâle et sanglant*, auprès duquel fume encore la foudre qui l'a frappé, *que je fasse crier son sang* comme celui d'Abel, *ni que* (6) *j'expose à vos yeux*, l'image de la religion ni celle de la patrie éplorées.
(FLÉCHIER.)

§ VIII.

De même que la virgule coupe un sujet multiple, elle vient séparer des verbes que régit le même sujet (7).

1° A l'indicatif, exemples.

Les gens vont, *viennent, courent, se pressent* de tous côtés; qu'en reste-il la plupart du temps?....

Télémaque et Adraste se saisissent et se serrent l'un contre l'autre, les voilà comme deux bêtes cruelles qui cherchent

à se déchirer ; ils se raccourcissent, *s'allongent, se bais-
sent, se relèvent* et s'élancent ; ils sont altérés de sang.

(FÉNELON.)

Lui seul [Letellier] réunissait les gens de bien, *rompait*
les liaisons funestes, en déconcertait les desseins, *et allait
recueillir* dans les égarés ce qu'il y restait de bonnes intentions.

(BOSSUET.)

Théodose, aidé des Francs, défit Maxime dans la Pan-
nonie, *l'assiégea* dans Aquilée, *et le laissa tuer* par ses
soldats.

(BOSSUET.)

Charlemagne subjuguait les Saxons, *réprimait* les Sar-
rasins, *détruisait* les hérésies, *protégeait* les papes, *attirait*
au christianisme les nations fidèles, *rétablissait* les sciences
et la discipline ecclésiastique, *assemblait* de fameux conciles, où sa profonde doctrine était admirée ; il faisait
ressentir non-seulement à la France et à l'Italie, mais à
l'Espagne, à l'Angleterre, à la Germanie, les effets de sa
piété et de sa justice.

(BOSSUET.)

Il entend les soupirs de l'humble qu'on outrage,
Juge tous les mortels avec d'égales lois,
Et, du haut de son trône, *interroge les rois.*

(RACINE.)

Dieu fit choix de Cyrus avant qu'il vît le jour,
L'appela par son nom, *le promit* à la terre,
Le fit naître et soudain l'arma de son tonnerre,
Brisa les fiers remparts et les portes d'airain,
Mit des superbes rois, la dépouille en sa main,
De son temple détruit, *vengea* sur eux l'injure ;
Babylone paya nos pleurs avec usure.
Cyrus, par lui vainqueur, *publia* ses bienfaits,
Regarda notre peuple avec des yeux de paix,
Nous rendit et nos lois et nos fêtes divines ;
Et le temple déjà sortait de ses ruines.
Mais de ce roi si sage, héritier insensé,
Son fils interrompit l'ouvrage commencé,
Fut sourd à nos douleurs ; *Dieu rejeta* sa race,
Le retrancha lui-même et vous mit à sa place.

(RACINE.—*Esther.*)

2° A l'infinitif, exemples.

Les Romains surent parfaitement conserver leurs alliés, *les unir* entre eux, *jeter* la division et la jalousie

parmi leurs ennemis, *pénétrer* leurs conseils, *découvrir* leurs intelligences et prévenir leurs entreprises. (BOSSUET.)

> *Irai-je*, dans une ode, en phrases de Malherbe,
> *Troubler* dans ses roseaux le Danube superbe,
> *Délivrer* de Sion le peuple gémissant,
> *Faire trembler* Memphis ou pâlir le Croissant,
> *Et*, passant du Jourdain les ondes alarmées,
> *Cueillir*, mal à propos, les palmes idumées !
>
> (BOILEAU.)

> Quel charme, au moindre mal qui nous vient menacer,
> De la voir aussitôt accourir, *s'empresser*,
> *S'effrayer* d'un péril qui n'a point d'apparence,
> Et, souvent de douleur, *se pâmer* par avance !
>
> (BOILEAU, S. x.)

> Vous *les verrez* bientôt, féconds en impostures,
> *Amasser* contre vous des volumes d'injures,
> *Traiter* en vos écrits chaque vers d'attentat,
> Et, d'un crime innocent, *faire* un crime d'état.
>
> (BOILEAU, S. ix.)

§ IX.

Les parties transposées s'accompagnent de la virgule.

EXEMPLES.

> Daigne, daigne mon Dieu, *sur Mathan et sur elle*,
> Répandre cet esprit d'imprudence et d'erreur,
> *De la chute, des rois*, funeste avant-coureur.
>
> (RACINE.—*Athalie*.)

> Moi, j'aimerais, Madame, un vainqueur furieux,
> Qui toujours tout sanglant se présente à mes yeux ;
> Qui la flamme à la main, et, *de meurtres*, avide,
> Mit en cendres Lesbos......
>
> (RACINE.—*Iphigénie*.)

> L'avare, des premiers en proie à ses caprices,
> *Dans un infâme gain*, mettant l'honnêteté,
> *Pour toute honte*, alors compta la pauvreté ;
> L'honneur et la vertu n'osèrent plus paroître,
> La piété chercha les déserts et le cloître ;
> Depuis on n'a point vu de cœur, si détaché,
> Qui par quelque lien ne tînt à ce péché :
> Triste et funeste effet du premier de nos crimes !
>
> (BOILEAU, Ep. iii.)

La peste, en même temps la guerre et la famine,
Des malheureux humains, jurèrent la ruine.
(BOILEAU.)

A peine, *du limon où le vice m'engage*,
J'arrache un pied timide et sors en m'agitant,
Que l'autre s'y reporte et s'embourbe à l'instant.
(BOILEAU, Ep. III.)

Soudain, *aux yeux d'autrui*, s'il faut la confirmer,
D'un geste, *d'un regard*, je me sens alarmer;
Et même, *sur ces vers que je te viens d'écrire*,
Je tremble en ce moment de ce que l'on va dire.
(BOILEAU, Ep. III.)

Boileau, qui, dans ses vers pleins de sincérité,
Jadis, *à tout son siècle*, a dit la vérité,
Qui mit, à tout blâmer, son étude et sa gloire,
A pourtant, *de ce roi*, parlé comme l'histoire.
(BOILEAU, S. I.)

Aussitôt, malgré moi, tout mon feu se rallume ;
Je reprends sur-le-champ le papier et la plume,
Et, *de mes vains serments*, perdant le souvenir,
J'attends de vers en vers qu'elle daigne venir.
(BOILEAU, S. II.)

Si, *du veillant Argus*, la figure effrayante,
Dans l'ardeur du plaisir, *à leurs yeux*, se présente ;
Le jeu cesse à l'instant, l'asile est déserté,
Et tout fuit, à grands pas (8), le tyran redouté.
(BOILEAU. — *Le Lut.*, ch. III.)

De Rome, pour un temps, Caïus fut les délices ;
Mais, sa feinte bonté se tournant en fureur,
Les délices de Rome en devinrent l'horreur.
(RACINE.—*Britannicus.*)

§ X.

Les propositions corrélatives se séparent par
une virgule quand la partielle antécédente semble
d'abord seule faire un sens total (9) et de même
quand la subséquente vient la première, que la
conjonction qui les unit soit ou non exprimée.

1° La proposition antécédente paraît absolue
si, faisant abstraction de la subséquente, on peut
voir dans l'antécédente un sens complet.

EXEMPLES.

Rien n'est beau, je reviens que par la vérité.

(BOILEAU.—Ep. IX.)

L'autre a peur de ramper, il se perd dans les nues.

(BOILEAU.)

C'est en vain qu'un auteur croit franchir le présent,
S'il n'a reçu du ciel ni verve ni talent.

(L.)

Que me sert en effet qu'un admirateur fade
Vante mon embonpoint, si je me sens malade?

(BOILEAU.—Ep. IX.)

Avec une si belle institution, *que ne devait-on pas at-*
tendre des rois de la Perse et de leur noblesse, si on eût
eu autant de soins de les conduire dans les progrès de
leur âge qu'on en prenait de les instruire dans leur enfance; mais les mœurs corrompues de la nation les entraî-
naient bientôt dans les plaisirs, contre lesquels aucune
éducation ne peut tenir. (BOSSUET.)

2° Ce n'est que dans l'inversion que la corrélative subséquente vient la première, et c'est pour
marquer cette transposition que la virgule est nécessaire.

EXEMPLE.

Avant qu'à nos erreurs le ciel nous abandonne,
Profitons de l'instant que, de grace, il nous donne.

(BOILEAU.—Sat. IX.)

Au reste, *quoique Rome fût sous un gouvernement*
royal, elle avait même sous les rois une liberté qui ne
convient guère à une monarchie réglée; car, outre que
les rois étaient électifs, et que l'élection se faisait par le
peuple, c'était au peuple assemblé à confirmer les lois et
à résoudre la paix et la guerre. Il y avait même des cas
particuliers où les rois déféraient au peuple le jugement
souverain; témoin Tullus Hostilius qui, n'osant ni ab-
soudre ni condamner Horace, comblé tout ensemble et
d'honneur pour avoir vaincu les Curiace, et de honte
pour avoir tué sa sœur, le fit juger par le peuple.

(BOSSUET.)

§ XI.

Si plusieurs corrélatives subséquentes se rapportent à la même proposition, la virgule les sépare.

EXEMPLES.

Nous nous moquons de lui, *mais s'il pouvait* un jour,
Docteur, *sur nos défauts s'exprimer à son tour,*
Si, pour nous réformer, *le Ciel prudent* et sage,
De la parole enfin lui permettait l'usage,
Qu'il pût dire tout haut ce qu'il se dit tout bas,
Ah! Docteur, entre nous, que ne dirait-il pas ?
Et que peut-il penser, *lorsque dans une rue,*
Au milieu de Paris, il *promène sa vue,*
Qu'il voit de toutes parts les hommes bigarrés,
Les uns gris, les uns noirs, les autres chamarrés ?
Que dit-il *quand il voit,* avec la mort en trousse,
Courir chez un malade un assassin en housse,
Qu'il trouve de pédants un escadron fourré,
Suivi par un recteur, de bedeaux, entouré,
Ou qu'il voit la justice, en grosse compagnie,
Mener tuer un homme avec cérémonie?
Que pense-t-il de nous lorsque, sur le midi,
Le hasard au palais le conduit un jeudi ;
Lorsqu'il entend de loin, d'une gueule infernale,
La chicane en fureur mugir dans la grand'salle?
(BOILEAU, Sat. VIII.)

Ils ne faut pas s'étonner *s'ils* perdirent le respect de la majesté et des lois, *ni s'ils devinrent factieux, rebelles et opiniâtres ;* on énerve la religion quand on la change, on lui ôte un certain poids qui seul est capable de tenir les peuples.
(BOSSUET.)

§ XII.

La virgule sépare les propositions absolues et congénères (10), c'est-à-dire les propositions qui concourent à peindre un même état, une même situation : c'est un tableau. Le verbe est à l'indicatif.

1*

Turenne meurt, tout se confond; la fortune chancelle, *la victoire se lasse, la paix s'éloigne, les bonnes intentions* des alliés s'affaiblissent; le courage des troupes est abattu par la douleur, le camp est immobile. (FLÉCHIER.)

Après ce que nous venons de voir, la santé n'est qu'un nom, *la vie n'est qu'un songe, la gloire n'est qu'une apparence, les graces et les plaisirs* ne sont qu'un dangereux amusement; tout est vain en nous, excepté le sincère aveu de nos vanités. (BOSSUET.)

Qu'il faut être désabusé des grandeurs humaines pour connaître Jésus-Christ! les juifs connurent les temps, *les Juifs,* selon l'oracle de Jacob, *voyaient les peuples appelés au dieu d'Abraham,* par Jésus-Christ et par ses disciples; et cependant ils méconnurent le Christ qui leur était annoncé par tant de miracles. (BOSSUET.)

Adam veut faire une dangereuse épreuve de sa liberté; il goûte, avec le fruit défendu, la pernicieuse douceur de contenter son esprit, les sens mêlent leurs attraits à ce nouveau charme; il les suit, *il s'y soumet* et il s'en fait le captif; lui qui en était le maître. (BOSSUET.)

Coriolan, pressé de se venger, médita la ruine de sa patrie; il mena les Volsques contre elle, *il la réduisit à l'extrémité;* sa mère vint à lui, Rome fut sauvée. (L.)

Non, Thésée, *il faut rompre un injuste silence,*
Il faut à votre fils rendre son innocence;
Il n'était point coupable.
(RACINE. — *Ph.*)

Achille est à l'autel, Calchas est éperdu,
Le fatal sacrifice est encore suspendu;
On se menace, on court, l'air gémit, le fer brille;
Achille fait ranger autour de votre fille
Tous ses amis, pour lui, prêts à se dévouer.
Le triste Agamemnon, qui n'ose l'avouer,
Pour détourner ses yeux des meurtres qu'il présage,
Ou pour cacher ses pleurs, s'est voilé le visage.
(RACINE. — *Iph.*)

Lui-même, de sa main, de sang toute fumante,
Il veut entre vos bras remettre son amante,

Lui-même il m'a chargé de conduire vos pas ;
Ne craignez rien.

(RACINE.--Iphigénie.)

Athènes me montra mon superbe ennemi ;
Je le vis, je rougis, je pâlis à sa vue ;
Un trouble s'éleva dans mon âme éperdue,
Mes yeux ne voyaient plus, je ne pouvais parler,
Je sentis tout mon corps et transir et brûler ;
Je reconnus Vénus et ses feux redoutables,
D'un sang qu'elle poursuit, tourments inévitables.

(RACINE.--Ph.)

Contre vous, contre moi, vainement je m'éprouve ;
Présente je vous fuis, absente je vous trouve,
Dans le fond des forêts votre image me suit ;
La lumière du jour, les ombres de la nuit,
Tout retrace à mes yeux le charme que j'évite,
Tout vous livre à l'envi le rebelle Hippolyte.
Moi-même pour tout fruit de mes soins superflus
Maintenant je me cherche et ne me trouve plus ;
Mon arc, mes javelots, mon char, tout m'importune,
Je ne me souviens plus des leçons de Neptune,
Mes seuls gémissements font retentir les bois,
Et mes coursiers oisifs ont oublié ma voix.

(RACINE.   Ph.)

Un flatteur aussitôt cherche à se récrier,
Chaque vers qu'il entend le fait extasier ;
Tout est charmant, divin, aucun mot ne le blesse ;
Il trépigne de joie, il pleure de tendresse,
Il vous comble partout d'éloges fastueux ;
La vérité n'a point cet air impétueux.
Un sage ami, toujours rigoureux, inflexible,
Sur vos fautes jamais ne vous laisse paisible ;
Il ne pardonne point les endroits négligés,
Il renvoie en leurs lieux les vers mal arrangés,
Il réprime, des mots, l'ambitieuse emphase.
Ici le sens le choque, et plus loin c'est la phrase ;
Votre construction semble un peu s'obscurcir,
Ce terme est équivoque, il le faut éclaircir :
C'est ainsi que vous parle un ami véritable.

(BOILEAU.-Art Poét., Ch. I.)

Mais à peine il y touche, ô prodige incroyable !
Que, du pupitre, il sort une voix effroyable ;
Brontin en est ému, le sacristain pâlit,
Le perruquier commence à regretter son lit ;
Dans son hardi projet toutefois il s'obstine,
Lorsque, des flancs poudreux de la vaste machine,
L'oiseau sort en courroux, et, d'un cri menaçant,
Achève d'étonner le barbier frémissant,

1*.

De ses ailes, dans l'air, secouant la poussière,
Dans la main de Boirude, il éteint la lumière !
Les guerriers à ce coup demeurent confondus,
Ils regagnent la nef, de frayeur éperdus,
Sous leurs corps tremblotants, leurs genoux s'affaiblissent,
D'une subite horreur, leurs cheveux se hérissent ;
Et bientôt, au travers des ombres de la nuit,
Le timide escadron se dissipe et s'enfuit.

(BOILEAU.--LeLut., ch. III.)

Furieuse, elle vole et, sur l'autel prochain,
Prend le sacré couteau, le plonge dans son sein ;
A peine son sang coule et fait rougir la terre,
Les dieux font, sur l'autel, entendre le tonnerre ;
Les vents agitent l'air d'heureux frémissements,
Et la mer leur répond par ses mugissements ;
La rive au loin gémit, blanchissante d'écume,
La flamme du bûcher d'elle-même s'allume,
Le ciel brille d'éclairs, s'entrouvre et, parmi nous,
Jette une sainte horreur qui nous rassure tous.

(RACINE. -- Iph.)

§ XIII.

On fait également usage de la virgule quand le verbe est à l'impératif.

EXEMPLE.

Ami, tout est-il prêt ? mais la reine s'avance !
Va, que pour le départ tout s'arme en diligence ;
Fais donner le signal, *cours, ordonne* et *revien*
Me délivrer bientôt d'un fâcheux entretien.

(RACINE. -- Ph.)

Seigneur, je sais trop bien.....
N'importe, écoutons tout et ne négligeons rien ;
Examinons ce bruit, remontons à sa source.
S'il ne mérite pas d'interrompre ma course,
Partons ; et quelque prix qu'il en puisse coûter,
Mettons le sceptre aux mains dignes de le porter.

(RACINE. -- Ph.)

Pour le fléchir enfin, tente tous les moyens,
Tes discours trouveront plus d'accès que les miens ;
Presse, pleure, gémis, peins-lui Phèdre mourante,
Ne rougis point de prendre une voix suppliante ;
Je t'avoûrai de tout, je n'espère qu'en toi :
Va, j'attends ton retour pour disposer de moi.

(RACINE. -- Ph.)

§ XIV.

Les périodes qui se composent seulement de deux membres comme d'une proposition principale et d'un corollaire, ou d'une prémisse et d'une conséquence, demandent que la pause soit courte, si les deux membres ont un peu d'étendue.

EXEMPLE.

La raillerie nous fait des ennemis, *il faut l'éviter.*

L'honneur est comme une île escarpée et sans bords ,
On n'y peut plus rentrer dès qu'on en est dehors.
(BOILEAU. -- Sat. X .)

C'est vous, seigneur ; quel important besoin
Vous a fait devancer l'aurore de si loin ?
A peine un faible jour vous éclaire et me guide ,
Vos yeux seuls et les miens sont ouverts dans l'Aulide.
(RACINE. -- *Iph.*)

Tout fuit , et, sans s'armer d'un courage inutile ,
Dans le temple voisin, *chacun cherche un asile.*
(RACINE. -- *Ph.*)

La frayeur les emporte , et , sourds à cette fois ,
Ils ne connaissent plus ni le frein ni la voix.
(RACINE. -- *Ph.*)

DEUXIÈME LEÇON.

Du Point et Virgule , ou petit Qué (11).

LE point et la virgule marquent un repos plus fort que la virgule ; ce signe trouve sa place dans la période courte , dans l'argument en forme et dans la période nombreuse.

§ 1er.

Le point et la virgule, dans la période courte, se voient après une proposition absolue, suivie d'un sens qui vient s'y lier; ce sens espèce de conséquent peut n'être que d'une proposition simple ou d'une proposition complexe; il peut aussi se composer de deux corrélatives ou de plusieurs propositions congénères.

1° Après une proposition absolue, exemples.

L'empire reposa sous Vespasien; les juifs furent cependant réduits à l'extrémité, Jérusalem fut prise.

(Bossuet.)

Le peuple à Athènes était trop maître; la philosophie, les lois faisaient à la vérité de beaux effets dans des naturels si exquis, mais la raison toute seule n'était pas capable de les retenir.   (Bossuet.)

Lacédémone et Athènes, si contraires dans leurs mœurs et dans leur conduite, *s'embarrassaient l'une l'autre,* dans le dessein qu'elles avaient d'assujettir la Grèce; de sorte qu'elles étaient toujours ennemies, plus encore par la contrariété de leurs intérêts que par l'incompatibilité de leur humeur.   (Bossuet.)

Madame, tout est prêt pour la cérémonie,
Le roi, près de l'autel, attend Iphigénie;
Je viens la demander, ou plutôt contre lui,
Seigneur, je viens pour elle implorer votre appui.
(Racine.--*Iph.*)

Mille gens font la foule au lever du prince; et cependant s'il ne voit aujourd'hui que ceux qu'il a vus hier et qu'il verra demain, combien de gens malheureux !   (La Bruyère.)

Hé bien, *trouvez-moi donc quelque arme, quelque épée;*
Et qu'aux portes du temple, où l'ennemi m'attend,
Abner puisse du moins mourir en combattant.
(Racine. -- *Ath.*)

Les villes grecques ne voulurent pas que Lacédémone

ni *Athènes dominassent*, elles trouvaient que l'empire de ces deux republiques était trop fâcheux.　(Bossuet.)

Tite, fils de Vespasien, *donna au monde une courte joie*; ses jours, qu'il croyait perdus s'ils n'étaient pas marqués de quelques bienfaits, s'écoulèrent trop vite.　(Bossuet.)

Après la bataille de Cannes, *le Sénat*, selon les anciennes maximes, *refusa d'écouter aucune proposition de paix*; l'ennemi en fut étonné, le peuple reprit courage et crut avoir des ressources que le sénat connaissait. (Bossuet.)

   La peur d'un vain remords trouble cette grande âme;
   Elle flotte, elle hésite, en un mot elle est femme.
(Racine. -- Ath.)

Deux choses perdirent les Athéniens; la gloire de leurs belles actions et la sûreté où ils croyaient être. (Bossuet.)

Quand on traite d'un art, *il y a deux choses à quoi il faut toujours s'étudier*; la première est de bien faire entendre son sujet, la seconde, que je tiens au fond être la principale, consiste à montrer comment et par quels moyens ce que nous enseignons peut s'acquérir.　(Boileau.)

Les colonies romaines, établies de tous côtés dans l'empire, *faisaient deux effets admirables*; l'un de décharger la ville d'un grand nombre de citoyens, la plupart pauvres, l'autre de garder les postes principaux et d'accoutumer peu à peu l'étranger aux mœurs romaines.　(Bossuet.)

St-Augustin nous apprend qu'il y a dans chaque homme *un serpent, une Eve et un Adam*; les sens et notre nature sont le serpent, l'appétit concupiscible est l'Eve, la raison est l'Adam.　(Pascal.)

2° Après une proposition absolue ou corrélative et complexe; comme si un nom soutient plusieurs propositions incidentes, ou que plusieurs régimes soient sous le même verbe.

EXEMPLES.

Vous attendez, de votre intendant, des soins, du zèle,

de la bonne volonté; il a bien d'autres pensées, il faut qu'il fasse sa fortune.   (L.)

Avec cinq ou six termes de l'art, rien de plus, *on se donne pour connaisseur en musique, en tableaux, en bâtiments, en bonne chère;* on impose à ses semblables, on impose à soi-même.   (LABRUYÈRE.)

Vous êtes dans *un camp....*
              — *Où tout vous est soumis,*
Où le sort de l'Asie en vos mains est remis,
Où je vois sous vos lois marcher la Grèce entière,
Où le fils de Thétis va m'appeler sa mère;
Dans quel palais superbe et plein de ma grandeur,
Puis-je jamais paraître avec plus de splendeur ?
                 (RACINE. -- *Iph.*)

Pour toute ambition, pour vertu singulière,
Il excelle à conduire un char dans la carrière,
A venir prodiguer sa voix sur un théâtre,
A réciter des chants qu'il veut qu'on idolâtre;
A disputer des prix indignes de ses mains,
A se donner lui même en spectacle aux Romains,
Tandis que des soldats de moments en moments
Vont arracher pour lui des applaudissements.
                 (RACINE. -- *Brit.*)

Il sait qu'il me doit tout, *et que,* pour sa grandeur,
J'ai foulé sous les pieds, remords, crainte, pudeur,
Qu'avec un cœur d'airain exerçant sa puissance,
J'ai fait taire les lois et gémir l'innocence,
Que, pour lui des Persans bravant l'aversion,
J'ai chéri, j'ai cherché la malédiction;
Et, pour prix de ma vie à leur haine opposée,
Le barbare aujourd'hui m'expose à leur risée.
                 (RACINE. -- *Esth.*)

3° Après un sens que composent plusieurs propositions soit corrélatives ou principales, exempl.

Athènes voulait enfin dominer, mais par un autre principe; l'intérêt se mêlait à sa gloire.   (BOSSUET.)

             On pourrait bien lui faire
Des propositions qui pourraient mieux lui plaire,
Mais nous établissons une espèce d'amour
Qui doit être épuré comme l'astre du jour;
La substance qui pense, y peut être reçue,
Mais nous en bannissons la substance étendue.
                 (MOLIÈRE.)

Vous êtes son amant, et vous êtes sa mère;
Gardez-vous d'envoyer la princesse à son père.

(RACINE. -- *Iph.*)

Tu lui parles du cœur, tu le cherches des yeux.
Je ne te retiens plus, sauve-toi de ces lieux;
Va lui jurer, la foi que tu m'avais jurée,
Va profaner, des Dieux, la majesté sacrée.

(RACINE. -- *And.*)

Porte aux pieds des autels ce cœur qui m'abandonne,
Va, cours; mais crains encor d'y trouver Hermione.

(RACINE. -- *And.*)

Ce qu'une marâtre aime le moins de tout ce qui est au monde, c'est les enfants de son mari; et plus elle est folle de son mari, plus elle est marâtre.   (LA BRUYÈRE.)

Le reproche le plus honorable que l'on puisse faire à un homme, c'est de lui dire qu'il ne sait pas la cour; il n'y a sorte de vertu qu'on ne loue en lui par ce seul mot.

(LA BRUYÈRE.)

Mettez ce qu'il en coûte à plaider aujourd'hui,
Comptez ce qu'il en reste à beaucoup de familles;
Vous verrez que Perrin tire l'argent à lui,
Et ne laisse aux plaideurs que le sac et les quilles.

(LAFONTAINE. -- l 9, ch. 9.)

§ II.

L'argument en forme se fait de trois manières principales; ces arguments sont le syllogisme, le dilemme et le sorite.

1° Dans le syllogisme le point et la virgule viennent entre les prémisses; exemples.

On fait des découvertes, on n'a point de maître; il est moins difficile d'étudier une science que de faire des découvertes : donc on peut s'instruire sans être enseigné ; un livre suffit.

Il faut se tenir en garde contre tout ce qui peut nous séduire; la prévention, l'orgueil, l'avarice, l'intérêt peuvent nous tromper : donc il faut se défier de la vanité, de l'orgueil, de la prévention et de tout ce qui flatte l'appétit concupiscible.

2° Dans le dilemme, le point et la virgule viennent après la proposition principale et encore entre les dubitatives.

EXEMPLE.

Les Pyrrhoniens prétendent qu'on ne peut rien savoir, ils ont tort; si on ne peut rien savoir, *les Pyrrhoniens ne savent ce qu'ils disent*; s'ils savent ce qu'ils disent, on peut savoir quelque chose.

3° Dans le sorite, le point et la virgule se voient après tous les arguments, le dernier excepté.

EXEMPLE.

Les esprits vains et présomptueux croient tout savoir; ceux qui croient tout savoir présument trop d'eux-mêmes; ceux qui présument trop d'eux-mêmes sont plus dangereux que les ignorants : donc les esprits vains et présomptueux sont plus dangereux que les ignorants.

§ III.

La période nombreuse est carrée, ou elle est narrative.

1° Le point et la virgule séparent les membres de la période carrée.

EXEMPLES.

La science des choses extérieures ne nous consolera pas de l'ignorance de la morale au temps de l'affliction; mais la science des mœurs nous consolera toujours de l'ignorance des choses extérieures.   (BOSSUET.)

La nature nous tente continuellement, l'appétit concu-

piscible désire souvent; mais le péché n'est pas commis , si la raison ne consent point. (PASCAL)

La finesse est l'occasion prochaine de la fourberie; le pas est glissant, *le mensonge seul en fait la différence;* si on l'ajoute à la finesse , c'est fourberie. (LA BRUYÈRE.)

Vous le croyez votre dupe; mais s'il feint de l'être , qui est plus dupe de lui ou de vous ? (LA BRUYÈRE.)

Un beau-père aime son gendre, il aime sa bru; une marâtre aime son gendre, elle n'aime point sa bru : tout est réciproque. (LA BRUYÈRE.)

Les sages, parmi les payens, qui ont dit qu'il n'y a qu'un dieu, *furent persécutés; les juifs ont été haïs;* les chrétiens encore plus. (PASCAL.)

Le cœur a ses raisons que la raison ne connaît point; on le sent en mille choses , c'est le cœur qui sent Dieu , et non la raison : voilà ce que c'est que la foi parfaite, Dieu sensible au cœur. (PASCAL.)

Les dix milles se trouvèrent sans protecteur au milieu des Perses, aux portes de Babylone; cependant *Artaxerce ne put,* ni par la persuasion ni par la force, *les obliger à poser les armes;* ils conçurent le hardi projet de traverser tout l'empire pour retourner dans leur pays, ils en vinrent à bout. (BOSSUET.)

On est prompt à connaître ses plus petits avantages, et lent à pénétrer ses défauts; on n'ignore point qu'on a de *beaux sourcils, les ongles bien faits;* on sait à peine qu'on est borgne, on ne sait pas du tout que l'on manque d'esprit. (LA BRUYÈRE.)

Une longue expérience avait appris , aux Romains, que du sénat sont sortis tous les conseils qui ont sauvé l'état; *c'était dans le sénat que se conservaient les anciennes maximes et l'esprit,* pour ainsi parler, *de la république; c'était là que se formaient les desseins qu'on voyait se soutenir par leur propre suite;* et ce qu'il y avait de plus grand dans le sénat, c'est qu'on n'y prenait jamais de résolutions plus vigoureuses que dans les plus grandes extrémités. (BOSSUET.)

L'armée romaine, divisée en petits corps, profite des

lieux et s'y accommode; *on l'unit, on la sépare comme on le veut; elle défile aisément et se rassemble sans peine;* elle est propre aux détachements, aux ralliements et à toutes sortes de conversions et d'évolutions : toute l'armée les fait, ou seulement une partie, selon qu'il est convenable.

(Bossuet.)

Je veux bien avouer de Charles Ier, ce qu'un auteur a dit de César, qu'il a été clément jusques à être forcé de s'en repentir. *Que ce soit donc là, si on le veut, le défaut de Charles, aussi bien que celui de César;* mais que ceux qui veulent croire que tout est faible dans les malheureux et dans les vaincus, ne pensent pas pour cela nous persuader que la force ait manqué à son courage, ni la vigueur à ses conseils.

(Bossuet.)

Charles poursuivi à toute outrance par l'implacable malignité, trahi de tous les siens, *ne s'est pas manqué à lui-même, malgré le mauvais succès de ses armes; si on a pu le vaincre, on n'a pas pu le forcer;* et de même que vainqueur il n'a jamais rien refusé de raisonnable, de même captif il a toujours rejeté ce qui était faible et injuste.

J'ai peine à contempler son grand cœur dans les dernières épreuves; mais certes, il a montré qu'il n'est pas au pouvoir des rebelles de faire perdre la majesté à un roi qui sait se connaître; ceux qui ont vu avec quelle dignité il a paru dans la salle de Westminster et sur la place de Withehall, peuvent juger aisément combien il était intrépide à la tête des armées et combien sur le trône il était auguste et majestueux.

(Bossuet.)

Henri VIII, prince en tout le reste accompli, s'égara dans les passions qui ont perdu Salomon et tant d'autres rois, il commença à ébranler l'autorité de l'Eglise; les sages lui dénoncèrent qu'en remuant ce seul point, il mettait tout en péril, que, contre son dessein, il donnait une licence effrénée aux âges suivants : *les sages le prévinrent;* mais les sages en sont-ils crus? dans ces temps d'emportement, ne se rit-on pas de leurs prophéties?

(Bossuet.)

2° Le point et la virgule séparent les membres

de la période narrative de même que dans la période carrée (12).

Le fleuve Bétis coule sous un ciel doux et toujours serein et se jette dans l'Océan, assez près des colonnes d'Hercule ; c'est en cet endroit que la mer, furieuse, rompant ses digues, sépara la terre de Tarsis de la brûlante Afrique. Le pays qu'arrose ce fleuve, la Bétique, semble avoir conservé les délices de l'âge d'or ; les hivers y sont tièdes, les aquilons n'y soufflent jamais ; les doux zéphirs y tempèrent l'ardeur de l'été ; le printemps et l'automne se partagent l'année. La terre, dans les plaines et dans les vallons, donne ses fruits deux fois l'an ; les chemins sont bordés de grenadiers, de jasmins et d'autres arbres toujours verts et toujours fleuris ; les montagnes sont couvertes de troupeaux qui fournissent des laines recherchées de toutes les nations. Les femmes y sont belles et agréables, simples, modestes et laborieuses ; les mariages y sont paisibles, féconds et sans tâche ; le mari et la femme semblent n'être qu'une seule personne, ils n'ont qu'une volonté. Le mari règle les affaires du dehors, la femme se renferme dans son ménage ; elle prévient les besoins de son mari, elle paraît n'être faite que pour lui plaire : cette félicité dure autant que leur vie.

(*Télémaque*, liv. VIII).

La course commença, je laissai passer les autres ; un jeune lacédémonien, nommé Crantor, s'avança le premier, un crétois, nommé Polyclète, le suivait de près ; Hypomaque, parent d'Idoménée et qui aspirait à lui succéder, laissait les rênes à ses chevaux ; le mouvement des roues de son char était si rapide qu'elles paraissaient immobiles comme les ailes d'un aigle qui fend les airs ; mes chevaux s'animèrent et peu-à-peu se mirent en haleine ; je laissai loin derrière moi presque tous ceux qui s'étaient avancés avec tant d'ardeur. Hypomaque, poussant trop ses chevaux, le plus vigoureux s'abattit, sa chute fit perdre à son maître l'espérance de régner ; Polyclète, se penchant trop sur ses chevaux, ne put résister à une secousse, il fut jeté loin de côté, trop heureux d'échapper à la mort ; Crantor, voyant que j'étais tout près de lui, fit de nouveaux efforts, tantôt il invoquait les dieux et leur promettait de riches offrandes, tantôt il parlait à ses chevaux pour exciter leur ardeur. Mes chevaux ménagés, allaient dépasser les siens, il vit qu'il ne lui restait d'autre ressource que de me fermer le passage; il voulut m'empêcher de passer entre lui et la borne, il la serra de trop près, la roue s'est brisée; je me détournai, et dans un instant j'atteignis le bout de la carrière. Le peuple cria « victoire au fils d'Ulysse, c'est lui que les dieux destinent à régner sur nous. » (Liv. V).

Il se nomme Ulysse, dit Télémaque, c'est un des rois qui, après un siége de dix ans, ont renversé la fameuse Troie; son nom fut célèbre dans la Grèce et dans toute l'Asie, par sa valeur dans les combats et plus encore par sa sagesse dans les conseils. Maintenant, errant dans l'étendue des mers, il parcourt les écueils les plus terribles; sa patrie semble fuir devant lui; Pénélope, qui est sa femme, et moi, qui suis son fils, nous avons perdu l'espoir de le revoir. Je cours les mêmes dangers pour apprendre où il est; mais que dis-je, peut-être qu'il est maintenant enseveli dans les profonds abimes de la mer! Ayez pitié de nos malheurs, ô Déesse! et si vous savez ce que les destinées ont fait pour sauver ou pour perdre Ulysse, daignez en instruire son fils Télémaque. (Liv. 1er.)

Là, sur des tas poudreux de sacs et de pratique,
Hurle tous les matins une sybille étique;
On l'appelle chicane, et ce monstre odieux
Jamais pour l'équité n'eut d'oreilles ni d'yeux;
La disette au teint blême et la triste famine,
Les chagrins dévorants et l'infame ruine,
Enfants infortunés de ses raffinements,
Troublent l'air d'alentour de leurs gémissements;
Sans cesse feuilletant les lois et la coutume,
Pour consumer autrui, le monstre se consume,
Et dévorant maisons, palais, châteaux entiers,
Rend pour des monceaux d'or de vains tas de papiers.
               (BOILEAU.—*Lutrin*, ch. V)

Incessamment il va de détour en détour,
Comme un hibou souvent il se dérobe au jour;
Tantôt les yeux en feu, c'est un lion superbe,
Tantôt, humble serpent, il se glisse sous l'herbe,
En vain, pour le dompter, le plus juste des rois
Fit régler le chaos des ténébreuses lois;

Ses griffes, vainement par Puffort accourcies,
Se rallongent déjà, toujours d'encre noircies;
Et ses ruses, perçant et digues et remparts,
Par cent brèches déjà rentrent de toutes parts.
                          (BOILEAU. — *Lutrin*, ch. 5.)

L'élève de Barbin commis à la boutique,
Veut en vain s'opposer à leur fureur gothique;
Les volumes, sans choix, à la tête jetés,
Sur le perron poudreux volent de tous côtés;
Là, près d'un Guarini, Térence tombe à terre,
Là, Xénophon, dans l'air heurte contre un Laserre.
                          (BOILEAU. — *Idem.*)

La maison du Seigneur, seule un peu plus ornée,
Se présente au dehors de murs environnée;
Le soleil, en naissant, la regarde d'abord,
Et le mont la défend des outrages du Nord.
                          (BOILEAU. -- Ep. IV.)

Une table, au retour, propre et non magnifique,
Nous présente un repas agréable et rustique.
Là, sans s'assujétir aux dogmes du Broussain,
Tout ce qu'on boit est bon, tout ce qu'on mange est sain;
La maison le fournit, la fermière l'ordonne,
Et mieux que Bergerat, l'appétit l'assaisonne.
                          (BOILEAU.)

Nos lévites, du haut de nos sacrés parvis,
D'Ochosias au peuple ont annoncé le fils,
Ont conté son enfance au glaive dérobée
Et la fille d'Achab dans le piège tombée;
Partout, en même temps, la trompette a sonné,
Et ces sons et leurs cris, dans son camp étonné,
Ont répandu le trouble et la terreur subite
Dont Gédéon frappa le fier Madianite;
Les Tyriens, jetant armes et boucliers,
Ont, par divers chemins, disparu les premiers.
Quelques Juifs éperdus ont aussi pris la fuite,
Mais, de Dieu sur Joas, admirant la conduite,
Le reste à haute voix s'est pour lui déclaré;
Enfin, d'un même esprit, tout le peuple inspiré,
Femmes, vieillards, enfants, s'embrassent avec joie,
Bénissent le Seigneur et celui qu'il envoie;
Tous chantent de David le fils ressuscité.
Baal est en horreur dans la sainte Cité;
De son temple profane, on a brisé les portes;
Mathan est égorgé.
                          (RACINE. -- *Ath.*)

Enfin après un an, tu me revois, Arbate,
Non plus, comme autrefois, *cet* heureux Mithridate

Qui, de Rome toujours balançant le destin,
Tenait, entre elle et *lui*, l'univers incertain !
Je suis vaincu, (13) *Pompée a saisi l'avantage*
D'une nuit qui laissait peu de place au courage;
Mes soldats presque nus, dans l'ombre intimidés,
Les rangs de toute part mal pris et mal gardés;
Le désordre partout redoublant les alarmes,
Nous mêmes, contre nous, tournant nos propres armes;
Les cris que les rochers renvoyaient plus affreux,
Enfin toute l'horreur d'un combat ténébreux !
Que pouvait la valeur dans ce trouble funeste ?
Les uns sont morts, la fuite a sauvé tout le reste;
Et je ne dois la vie, en ce commun effroi,
Qu'au bruit de mon trépas que je laisse après moi.

(RACINE.)

TROISIÈME LEÇON.

Des Deux Points ou du Comma.

Le Comma, repos plus long que le point et
virgule, vient avant la conséquence d'un argument en forme, et de même avant quelque corollaire; alors il est précédé d'un raisonnement ou
d'un récit complet (14).

EXEMPLES.

Ceux qui n'aiment point le travail, ne connaissent pas le
plaisir durable; les paresseux n'aiment pas le travail : *donc*
les paresseux ne connaissent pas le plaisir durable.

Les ambitieux tendent toujours à s'élever; ceux qui tendent à s'élever sont inquiets; ceux qui sont inquiets sont
malheureux : *donc les ambitieux sont malheureux.*

Jésus-Christ a bâti son église sur la pierre, rien ne peut
la renverser; il a renversé le temple, on n'a pas pu le re-
bâtir : *nul ne peut abattre ce que Dieu relève; nul ne peut*
relever ce que Dieu abat.   (BOSSUET.)

Le vrai dieu n'était plus connu en Égypte comme le

dieu de l'univers , mais seulement comme le dieu des Hébreux ; on adorait jusqu'aux bêtes, jusqu'aux reptiles ; tout était dieu , excepté Dieu même : *le monde, que Dieu a fait pour manifester sa puissance, semblait être devenu un temple d'idoles.*   (BOSSUET.)

Il faut reconnaître, à la confusion du genre humain, que la première des vérités, celle de la connaissance de Dieu , celle dont l'impression est la plus puissante, était la plus éloignée de la vue des hommes; la tradition qui la conservait, quoique encore claire et assez présente si on y eût été attentif, était prête à s'évanouir : *des fables prodigieuses, et aussi pleines d'impiété que d'extravagance, tenaient sa place.*   (BOSSUET.)

Il n'était point possible que l'ancien esprit de la Grèce ne se réveillât point à la veille de tomber dans la servitude et entre les mains des barbares ; de petits rois entreprirent de s'opposer à Artaxerce (que les Grecs appelaient le grand roi) et de ruiner son empire ; Agésilas, roi de Lacédémone, fit trembler la Perse dans l'Asie-Mineure, et montra qu'on pouvait les abattre : *les seules divisions de la Grèce arrêtèrent ses conquêtes.*   (BOSSUET.)

Les sénateurs les plus illustres, à n'en regarder que l'extérieur, n'avaient d'éclat ni de majesté qu'en public et dans le sénat ; Curius et Fabrice, ces grands capitaines, qui vainquirent Pyrrhus, n'avaient que de la vaisselle de terre; Curius, à qui les Samnites en offrirent d'or, répondit que son plaisir n'était pas d'en avoir ni d'or ni d'argent, mais seulement de commander à qui en avait : *les généraux romains enrichissaient la république des dépouilles de ses ennemis, et ils ne laissaient pas de quoi se faire enterrer.*   (BOSSUET.)

Que servirait à Louis d'avoir étendu sa gloire partout où le genre humain s'étend ? Ce n'est rien pour lui d'être l'homme que les autres hommes admirent ; il veut être avec David « l'homme selon le cœur de Dieu » : *c'est pourquoi Dieu le bénit.*   (BOSSUET.)

Un roi, dit David, ne se sauve pas par ses armées , le puissant ne se sauve pas par sa valeur ; ce n'est pas non plus aux sages conseils qu'il faut attribuer les heureux succès, « Il s'élève, dit le sage, plusieurs pensées dans le cœur de l'homme : » reconnaissez l'agitation et les pensées incertaines des conseils humains.   (BOSSUET.)

Qu'est-ce donc après tout que l'incrédulité, sinon une erreur sans fin, une témérité qui hasarde tout, un étourdissement volontaire, en un mot, un orgueil qui ne peut souffrir de remède, c'est-à-dire qui ne peut souffrir une autorité légitime? Ne croyez pas que l'homme ne soit emporté que par l'intempérance de ses sens ; l'intempérance de de l'esprit n'est pas moins flatteuse : *comme l'autre elle se fait des plaisirs cachés, et s'irrite par la défense.*

                              (BOSSUET.)

L'ignorance et l'aveuglement s'étaient prodigieusement accrus depuis Abraham ; de son temps et un peu après, la connaissance de Dieu paraissait encore dans la Palestine et dans l'Égypte ; Melchisedech, roi de Salem, était « le pontife du Dieu Très-Haut qui a fait le ciel et la terre » ; Abimelec, roi de Gerare, et son successeur du même nom, craignaient Dieu, juraient en son nom et admiraient sa puissance ; les menaces de ce dieu étaient redoutées par Pharaon, roi d'Égypte : *mais dans le temps de Moïse, ces nations s'étaient perverties.*   (BOSSUET.)

Vous me donnez des noms qui doivent me surprendre,
Madame, on ne m'a pas instruite à les entendre ;
Et les Dieux, contre moi dès long-temps indignés,
A mon oreille encor les avaient épargnés :
Mais il faut des amants excuser l'injustice.
                              (RACINE. - *Iph.*)

En quel funeste état, ces mots m'ont-ils laissée ?
Pour mon hymen, Achille a changé de pensée ?
Il me faut, sans honneur, retourner sur mes pas :
Et vous cherchez ici quelqu'autre que Calchas?
                              (RACINE. -- *Iph.*)

Cependant avant qu'il fût nuit,
Il arriva nouvel encombre ;
Un loup parut, tout le troupeau s'enfuit :
Ce n'était pas un loup, ce n'en était que l'ombre.
                              (L. 9. f. 19.)

Voiture et Sarrasin étaient nés pour leur siècle, ils ont paru dans un temps où il semble qu'ils étaient attendus ; s'ils s'étaient moins pressés de venir, ils arrivaient trop

tard : *les conversations légères, les cercles, les fines plai-*
santeries, les lettres enjouées et familières, les petites par-
ties, où l'on était admis seulement avec de l'esprit, tout a
disparu. Qu'on ne dise pas qu'ils les feraient revivre ; ce
que je puis faire en faveur de leur esprit, c'est de convenir
que peut-être ils excelleraient dans un autre genre ; De nos
jours, les femmes sont dévotes ou joueuses, ou coquettes
ou ambitieuses, quelques-unes même sont tout cela à la
fois : le goût de la faveur, le jeu, les galants, les direc-
teurs ont pris la place ; ils la défendent contre les gens
d'esprit.   (LA BRUYÈRE.)

L'écriture donne une vie nouvelle aux sages, aux savants, aux héros ; elle immortalise les vertus et les talents :
L'écriture redit, à tous les âges, la sagesse de Solon et la
clémence de César.   (L.)

QUATRIÈME LEÇON.

Du Point.

Le point est le signe le plus fort de la ponctuation ; ce signe marque que le sens ou que la
période est arrivée à sa fin (15).

1° Le point se met après toute énonciation ou
proposition isolée (16).

EXEMPLES.

Soit.
Approchez.
Me voici.
Je ne sais que lui dire.
Seigneur, sauvez le roi.
Bénissons le Seigneur.

Un prince tutélaire, à nos vœux, va sourire.

Hé ! jamais les méchants n'ont connu le bonheur.

La main est le plus sûr et le plus prompt secours.
                              (LAFONTAINE.)

Le monstre se consume.....
Sous le coupable effort de sa noire insolence ,
Thémis a vu cent fois chanceler sa balance.

(BOILEAU.)

2° Le point enferme quelques phrases qui forment ensemble un sens suivi, comme la période courte.

EXEMPLES.

Ce temple est mon pays, je n'en connais point d'autre.

(RACINE.)

De vos songes menteurs, l'imposture est visible ;
A moins que la pitié qui semble vous toucher
Ne soit le coup fatal qui vous faisait trembler.

(RACINE. -- *Ath.*)

J'adore le Seigneur, on m'explique sa loi ;
Dans son livre divin, on m'apprend à la lire,
Et déjà de ma main je commence à l'écrire.

(RACINE.)

J'ai mon Dieu que je sers, vous servirez le vôtre ;
Ce sont deux puissants Dieux.
       — Il faut craindre le mien,
Lui seul est Dieu, Madame, et le vôtre n'est rien.

(RACINE. -- *Ath.*)

Doncques sans mettre enchère aux sottises du monde
Ni gloser les humeurs de dame Frédegonde,
Je dirai librement, pour finir en deux mots,
Que la plupart des gens sont habillés en sots.

(REGNIER.)

3° Le point enferme toutes les parties de la période quelles qu'elles soient (17).

EXEMPLES.

On ne peut pas dire qu'une chose n'ait rien de grand, (tels sont les richesses, les honneurs, et tous les autres biens qui n'ont qu'un certain faste au dehors), quand le mépris qu'on en fait tient lui-même du grand ; car ce n'est pas un petit avantage que de pouvoir les mépriser : aussi on admire beaucoup moins ceux qui les possèdent, que ceux qui les rejettent par pure grandeur d'âme. (BOILEAU.)

Quand je défends de trop couper les périodes, je n'en-

tends pas parler de celles dont l'étendue est juste ; je parle
de celles qui sont comme mutilées : un style coupé arrête
l'esprit ; les périodes bien divisées conduisent le lecteur. Le
contraire apparaît des périodes chargées de propositions
incidentes ou d'épithètes oiseuses, de paroles recherchées
ou emphatiques ; mais toujours ou mortes ou languissantes.

(BOILEAU.)

Les pauvres sont moins souvent malades, pour avoir
manqué du nécessaire, que les riches ne le deviennent pour
avoir trop de nourriture; l'intempérance change, en poisons
mortels, les aliments destinés à conserver la vie.

(FÉNELON. -- LIV. 17.)

Les remèdes en même temps qu'ils rétablissent la santé,
détruisent l'existence; le grand remède, le seul qui soit
toujours salutaire, c'est la sobriété, c'est les bonnes mœurs,
c'est la tranquillité de l'esprit, c'est un exercice sage et
modéré : les passions, les plaisirs, abrègent plus les jours
que les remèdes ne peuvent les prolonger.

(FÉNELON. -- LIV. 17.)

Poursuis, Néron ; avec de tels ministres,
Par des faits glorieux tu vas te signaler ;
Poursuis, tu n'as pas fait ce pas pour reculer !
Ta main a commencé par le sang de ton frère,
Je prévois que tes coups viendront jusqu'à ta mère,
Dans le fond de ton cœur, je sais que tu me hais ;
Tu voudras t'affranchir du joug de mes bienfaits,
Mais je veux que ma mort te soit même inutile.
Ne crois pas qu'en mourant je te laisse tranquille ;
Rome, ce Ciel, ce jour que tu as reçu de moi,
Partout, à tout moment, m'offriront devant toi ;
Tes remords te suivront comme autant de furies ;
Tu croiras les calmer par d'autres barbaries ;
Ta fureur s'irritant soi-même dans son cours,
D'un sang toujours nouveau, marquera tous tes jours.
Mais j'espère qu'enfin le Ciel, las de tes crimes,
Ajoutera ta perte à tant d'autres victimes,
Qu'après t'être couvert de leur sang et du mien,
Tu te verras forcé de répandre le tien ;
Et ton nom paraîtra dans la race future,
Aux plus cruels tyrans une cruelle injure :
Voilà ce que mon cœur se présage de toi.
Adieu, tu peux sortir.

(RACINE. - Brit.)

Observations.

Quand le repos marqué par le point n'est pas assez sensible, on recommence à la ligne; c'est ce qu'on appelle *alinéa*. Et pour rendre l'alinéa plus saillant, la première ligne doit commencer un peu en dedans de l'alignement.

On met à la ligne toutes les fois que la clarté demande que les faits ou le raisonnement soient fortement distingués de ce qui les précède; on met sur-tout à la ligne les choses qui n'ont rien de commun avec ce qui vient d'être dit. Les alinéa peuvent revenir à peu de distance les uns des autres.

EXEMPLES.

Là commencèrent les guerres puniques; les choses én viennent si avant, que chacun de ces deux peuples ne croit pouvoir subsister que par la ruine de l'autre.

Rome, près de succomber, se soutient principalement durant ses malheurs, par la constance et par la sagesse du sénat.

A la fin la patience des Romains l'emporte; Annibal est vaincu, et Carthage subjuguée par Scipion l'Africain.

Rome victorieuse s'étend prodigieusement durant deux cents ans, par terre et par mer, et réduit tout l'univers sous sa puissance.

En ces temps et depuis la ruine de Carthage, les charges dont la dignité, aussi bien que le profit, s'augmentait avec l'empire, furent briguées avec fureur; les prétendants ne songèrent qu'à flatter le peuple. La concorde des ordres entretenue, par l'occupation que donnaient les guerres puniques, se troubla plus que jamais; les Gracques* mirent tout en confusion, leurs séditieuses propositions furent le commencement des guerres civiles.   (BOSSUET.)

Si, libre de tous soins à l'ombre d'un Mécène,
Un auteur ne peut pas donner cours à sa veine,

* Voyez la Grammaire universelle.

L'esprit à la torture agit, sans goût, sans art;
Alors, sur le papier, tout se couche au hasard.

Avant que d'enfanter les fougeuses merveilles
Que vous croyez devoir attendre de vos veilles,
Vous, qui voulez rimer sans l'aveu de Phébus,
Assurez-vous au moins des faveurs de Plutus;
Soit de barbares vers et pleins de sécheresse,
Mais comment supporter une longue détresse?
Souffrir le froid, la faim, dans le double vallon!
Plutôt, loin du Parnasse, oublier Apollon.

CINQUIÈME LEÇON.

Du Point d'interrogation.

Le point d'interrogation se met, soit après une simple énonciation, soit après une proposition interrogative (18).

EXEMPLES.

Epouse de Joad, *est-ce là votre fils?*

— *Qui, lui, Madame?*

— *Vous êtes sans parents?*

Comment? et depuis quand?

Où dit-on que le sort vous a fait rencontrer?

(RACINE. -- *Ath.*)

SIXIÈME LEÇON

Du Point d'Admiration

Le point d'admiration marque un mouvement de l'âme; ce point, comme le point d'interrogation, occupe la place d'un des autres signes ; le point d'interrogation lui cède aussi l'emploi.

Grands dieux, à son malheur, *dois-je la préparer* !
(RACINE. — *Iph.*)

Les principaux mouvements que marquent le point d'admiration , sont l'admiration , l'indignation, la joie, la douleur, l'étonnement, l'inquiétude, la crainte.

1° Le point d'admiration se voit très ordinairement après l'interjection, soit immédiatement, soit à la fin du sens.

Ah ! cours après Oreste et dis-lui, ma Cléone,
Qu'il n'entreprenne rien sans revoir Hermione.
(RACINE. — *And.*)

Ah, le voici ! sortons, il le faut éviter.
(RACINE.)

Hélas, Dieu voit mon cœur ! plût, à ce Dieu puissant,
Qu'Athalie oubliât un enfant innocent
Et que, du sang d'Abner, sa cruauté contente,
Crût Calmer, par ma mort, *le ciel qui la tourmente* !
(RACINE.)

Ah, je le prends déjà, seigneur, *sous mon appui* !
Ne craignez rien ; je cours vers celle qui m'envoie.
(RACINE. -- *Ath.*)

Hélas, durant ces jours de joie et de festins,
Quelle était en secret ma honte *et mes chagrins* !
Esther, disais-je, Esther dans la pourpre est assise,
La moitié de la terre à son sceptre *est soumise* :
Et de Jérusalem , *l'herbe cache les murs* !
Sion, repaire affreux de reptiles impurs,
Voit, de son temple saint, les pierres dispersées,
Et du dieu d'Israël les fêtes sont cessées !
(RACINE.)

2° Après une apostrophe, après une exclamation ou après une invocation, etc.

O Pluton ! ô Proserpine ! j'éprouverai tantôt si vous êtes aussi impitoyables qu'on le dit.   (FÉNELON.)

O ombre d'Hippias ! je te suis dans les enfers ; Télémaque nous vengera tous deux.   (FÉNELON.)

O promesse ! ô menace ! ô ténébreux mystère !
Que de biens, que de maux sont prédits tour-à-tour !
    Comment peut-on, avec tant de colère,
      Accorder tant d'amour ?   (RACINE.)

Un ministre ennemi de votre propre gloire.......
— *De votre gloire* ! *moi* ! *ciel* ! le pourriez-vous croire ?
Moi qui n'ai d'autre objet ni d'autre dieu.....
               Tais-toi,
Oses-tu donc parler sans l'ordre de ton Roi ?
             (RACINE.)

Quel jour mêlé d'horreur vient effrayer *mon âme* !
Tout mon sang de colère et de honte s'enflamme.
J'étais donc le jouet.... *Ciel, daigne m'éclairer* !
         (RACINE. -- *Esth.*)

Poursuivez, il est beau de m'insulter ainsi ;
Cruelle, c'est donc moi qui vous *méprise ici* !
Vos yeux n'ont pas assez éprouvé ma constance !
Je suis donc un témoin de leur peu de puissance !
Je les ai méprisés ! *Ah*, qu'ils voudraient bien voir
Mon rival, comme moi, mépriser *leur pouvoir* !
        (RACINE. -- *And.*)

Ah, *qu'ils s'aiment*, *Phénix* ! j'y consens ; qu'elle parte,
Que, charmés l'un de l'autre, ils retournent à Sparte ;
Tous nos ports sont ouverts et pour elle et pour lui.
Qu'elle m'épargnerait de contrainte et d'ennui !
        (RACINE. -- *And.*)

Remarque.

Dans le désordre de l'âme, le sens peut rester en suspens ou être coupé ; alors deux ou trois points remplacent le point d'admiration (19).

Avant la fin du jour... on verra qui de nous...
Doit... Mais sortons, Narbal.
      (RACINE. - *Ath.*)

Tu ne sais !.. quoi donc ? Oreste encore...
Oreste me trahit !

(RACINE. -- And.)

Tu vas ouïr le comble des horreurs ;
J'aime..... à ce nom fatal, je tremble, je frissonne ;
J'aime.....
      — Qui ?
         — Tu connais ce fils de l'Amazone ,
Ce prince si long-temps par moi-même opprimé.
— Hippolyte? grands dieux !
        — C'est toi qui l'as nommé.

(RACINE. -- Ph.)

O Reine infortunée !
O d'un peuple innocent, barbare destinée !
Lisez , lisez l'arrêt détestable , cruel.....
Nous sommes tous perdus ; c'en est fait d'Israël.

(RACINE. -- Esth.)

~~~~~~

SEPTIÈME LEÇON.

Des Parenthèses.

Les parenthèses sont deux demi-cercles ( ) qui remplacent la virgule, toutefois que l'incise coupe le discours trop sensiblement ; l'incise s'appelle aussi parenthèse.

Une virgule vient ordinairement avant la parenthèse :   EXEMPLES.

Les apôtres (20) (<i>c'était au temps de la passion</i>) assemblés autour de leur maître, lui montraient les bâtiments d'alentour ; ils en admiraient les pierres , l'ordonnance , la beauté , la solidité. Jésus leur dit « Voyez-vous ces grands bâtiments , il n'y restera pas pierre sur pierre. » Étonnés de cette parole , ils lui demandent le temps d'un événement si terrible ; et lui, qui ne voulait pas qu'ils fussent surpris dans Jérusalem lorsqu'elle serait saccagée, (<i>car il voulait qu'il y eût, dans le sac de cette ville, une image de la der-</i>
~~~~~~

nière séparation des bons et des méchants.) il commença à leur raconter les malheurs comme ils devaient arriver.

(BOSSUET.

> Un loup rempli d'humanité,
> (*S'il en est de tels dans le monde*)
> Fit un jour sur sa cruauté,
> Quoiqu'il ne l'exerçât que par nécessité,
> Une réflexion profonde ;
> Je suis haï, dit-il, et de qui ? de chacun.
> Le loup est l'ennemi commun ;
> Chiens, chasseurs, villageois s'assemblent pour sa perte ;
> Jupiter est là haut étourdi de leurs cris :
> C'est par là que, de loups, l'Angleterre est déserte.

(LAFONTAINE. L. 10, f. 6.)

HUITIÈME LEÇON

Des Crochets.

Les crochets [] remplacent les demi-cercles utefois que, rapportant un discours, on y sère une incise.

EXEMPLES.

Le monde, étonné des exploits du roi [*Louis-le-Grand*], confesse, dit Bossuet, qu'il n'appartient qu'à lui de donner des bornes à ses conquêtes.

Vous savez, dit Racine, en quel état se trouvait la scène française, lorsqu'il [*Pierre Corneille*] commença à travailler.

Nota. Nous mettons ces mots *Pierre Corneille*, entre deux crochets ur marquer qu'ils ne sont pas dans le discours de Racine.

NEUVIÈME LEÇON.

Du Trait de séparation.

Le trait de séparation se met entre les parties du dialogue, quand il est rapide; le point précède le trait.

EXEMPLES.

Mon procureur a des dettes. — Oh, la méchante affaire

Comment l'appelez-vous, ce mal? quel est son nom?
— L'Amour. — Ce mot est beau; dites-moi quelques marques
A quoi je le pourrai connaître; que sent-on?
— Des peines près de qui le plaisir des monarques
Est ennuyeux et fade; on s'oublie, on se plaît
    Toute seule en une forêt.
    Se mire-t-on près d'un rivage?
Ce n'est pas soi qu'on voit, on ne voit qu'une image
Qui sans cesse revient et qui suit en tous lieux;
    Pour tout le reste, on est sans yeux.

         (LAFONTAINE. — L. VIII, *f.* 13.)

Observations.

« Lorsqu'on suprime les *dit-il, reprit-il,* le trait de séparation, dit Domergue, en tient lieu et annonce le changement d'interlocuteur. »

EXEMPLES.

Éléazar se lève et plein d'un saint transport,
Me voici, *répond-il.* — [répondit-il] que choisis-tu. — La mort.
Tu mourras. — Frappe. —

Domergue met le trait de séparation à la fin du vers; nous pensons qu'il doit être mis au commencement; exemple.

Jouis. — Je le ferai. — Mais quand donc ?— Dès demain.
— Eh ! mon ami, là mort peut te prendre en chemin ,
  Jouis dès aujourd'hui.

(LAFONTAINE. — Liv. VIII, fab. 27.)

DIXIÈME LEÇON.

Des Guillemets.

Les guillemets * ou les deux virgules, au contraire des crochets, enferment un passage pris
d'un autre discours ; c'est une citation ou c'est
un discours qu'on rapporte ou qu'on suppose.

Les guillemets sont les uns ouvrants («) les
autres fermants (») ; les guillemets ouvrants précèdent les termes rapportés et peuvent se répéter en tête de chaque ligne, les guillemets fermants viennent ensuite de toute la citation et
après le point.

EXEMPLES.

N'est-ce donc pas avec raison que saint Paul s'est écrié
« où sont les sages, où sont les docteurs ? qu'ont opéré
« ceux qui recherchaient les sciences de ce siècle ? Dieu
« n'a-t-il pas convaincu de folie la sagesse de ce monde ?
« n'a-t-il pas détruit la sagesse des sages, et montré l'inu-
« tilité de la science des savants ? » Par là se vérifie ce que
dit l'apôtre, ** que « Dieu est heureux, est le seul puis-

* Ce nom vient, dit-on, de celui de l'écrivain qui, le premier, a fait
usage des guillemets.

** Les guillemets viennent ici, après la conjonction *que;* nous
pensons que c'est la place qu'ils doivent occuper, toutefois nous
les trouvons, dans le même auteur, avant cette conjonction; exemple.
Saint Pierre et saint Paul dirent aux juifs « *que* Jérusalem allait
être renversée de fond en comble, qu'ils périraient de faim et de
désespoir, et qu'ils seraient bannis de la terre de leurs pères. »

sant, roi des rois, et seigneur des seigneurs. »
(BOSSUET.)

Mais à vous, tendre agneau, son plus cher héritage,
Orthodoxe ennemi d'un dogme si blâmé,
« *Venez, vous dira-t-il, venez mon bien-aimé ;*
« *Vous qui, dans les détours de vos raisons subtiles,*
« *Embarrassant les mots d'un des plus saints conciles,*
« *Avez délivré l'homme, ô l'utile docteur !*
« *De l'importun fardeau d'aimer son créateur,*
« *Entrez au ciel ; venez, comblé de mes louanges*
« *Du besoin d'aimer Dieu, désabuser les anges.* »
(BOILEAU.

Nota. Si le discours n'est qu'une supposition, on néglige quelquefois les guillemets.

EXEMPLES.

Cette lime lui dit, sans se mettre en colère,
Pauvre ignorant ! eh que prétends-tu faire ?
   Tu te prends à plus dur que toi.
   Petit serpent, à tête folle,
   Plutôt que d'emporter de moi
   Seulement le quart d'une obole,
   Tu te romprais toutes les dents :
   Je ne crains que celles du temps.
(LAFONTAINE.

FIN DU TRAITÉ DE PONCTUATION.

NOTES

LE TRAITÉ DE LA PONCTUATION.

1. (*Espèce de langage.*) Les auteurs disent que la ponctuation est un art; cependant on ne peut pas ponctuer une proposition sans en faire l'analyse grammaticalement, ni une période sans en faire l'analyse logiquement. La connaissance de toutes les parties d'une période doit être considérée comme l'anatomie du discours; la ponctuation est donc une science et qu'on ne possède bien que si on sait toute la construction, ou, comme dit Sicard, *toute la science grammaticale.*

2. (*Qu',attendu.*) Si la finale du *que* n'est pas retranchée, M** fait usage de la virgule, comme dans la phrase suivante :

> Je me souviens *que*, en me voyant écrire, vous me promites une place de secrétaire.

Si au contraire la finale est élidée, l'apostrophe tient lieu, dit-il, de la virgule; il écrit,

> Je me souviens *qu'en* me voyant, etc.

On néglige, il est vrai, la virgule, toutefois que la finale du *que* est retranchée; on la néglige parce que l'élision ne permet pas que le lecteur

s'arrête entre l'apostrophe et le terme qui vient
après. Il n'en est pas moins que l'apostrophe équi-
vaut seulement à une lettre retranchée.

EXEMPLES.

Un si grand ouvrage ne lui a coûté *qu'un*, (*que* un) moment, c'est-à-dire, *qu'il*, (*que* il) ne lui en a coûté que de
le vouloir.

Rien dans l'apostrophe n'indique si le ser
est ou n'est pas suspendu ; il y a nécessité d
recourir à la virgule, non pour marquer ur
pause, mais seulement pour marquer soit un
transposition ou une incise.

EXEMPLE.

De sorte *qu', au lieu des vices que les hommes mettent
dans leurs dieux* , toutes les vertus ont paru dans ce Dieu
homme.　　　　　　　　　　　　　　　(BOSSUET.)

3. (*Explicatives.*) M**, si l'explicative com-
porte deux propositions, ne met pas toujours
la virgule après l'antécédent, c'est entre ces
propositions qu'il la place ; le point et la virgule
viennent ensuite.

« Plaute *qui a fait rire les Romains* , pour les corri-
« ger ; Phèdre, qui a fait parler les animaux d'une ma-
« nière si utile aux hommes ; Tibule, qui a soupiré de si
« aimables vers ; Horace, qui a si bien peint la raison des
« couleurs de la poésie, ont leurs rivaux en France et
« peut-être leurs maîtres. »

Si la ponctuation était bien faite, le substantif
Plaute serait suivi d'une virgule ; de plus, l'on
ne verrait pas le point et la virgule séparer les
membres du sujet.

EXEMPLE.

« Plaute, *qui a fait rire les Romains, pour les corriger,* Phèdre, qui a fait parler les animaux d'une manière si utile aux hommes, Tibulle, qui a soupiré étc., ont leurs rivaux en France. »

4. (*Les membres multiples.*) La virgule n'est pas de toute nécessité entre deux noms assemblés par une copulative ou par une disjonctive.

EXEMPLES.

La peinture et la sculpture parurent, à Mentor, des arts qu'il n'est pas permis d'abandonner; cependant il voulut qu'on ne souffrit dans Salente que peu d'hommes attachés à ces arts.   (FÉNELON.)

Le temps ni la fatigue ne l'ont point rebuté; il a vaincu.

Ni l'intérêt ni la vanité, ni l'appât d'une flatterie délicate, ou d'une conversation douce n'étaient capables de lui faire découvrir son secret.   (BOSSUET.)

A Rome *ou* dans Paris, aux champs *ou à la ville*,
Riche, gueux, *triste ou gai*, je veux faire des vers ;
Dût ma muse par là choquer tout l'univers.
                    (BOILEAU. — S. 7.)

Sur-tout la virgule ne doit point se placer entre deux adjectifs assemblés par une copulative ; exemples.

On ne connaît chez eux ni placets, ni requêtes,
Ni haut ni bas conseil, ni chambres des enquêtes.
                    (BOILEAU.)

Un poème *insipide et* sottement *flatteur*,
Déshonore à la fois le héros et l'auteur.
                    (BOILEAU.)

Quoi ! cet amour si *tendre et né* dans notre enfance,
Dont les feux, avec nous, ont crû dans le silence,
Vos larmes que ma main pouvait seule arrêter,
Mes serments redoublés de ne vous point quitter ;
Tout cela finirait par une perfidie ?
                    (RACINE. — Baj.)

3

C'est encore de même, quand plusieurs substantifs ont le même régime, ou qu'un substantif
gouverne plusieurs noms.

EXEMPLES.

Vous seul, plus dégoûté, sans pouvoir et sans nom,
Viendrez régler *les droits et l'état d'Apollon.*
(BOILEAU. — S. 9.)

Telle est, *de ce poème,* et la *force et la grâce.*
(BOILEAU. — *Art p.*)

La croix fut étalée comme *la défense du peuple romain
et de tout l'empire.*   (BOSSUET.)

La virgule se voit cependant assez souvent entre
des noms assemblés par une copulative, soit
qu'on en fasse usage indifféremment, soit qu'il
semble que l'on doute que le lecteur n'aperçoive
pas qu'une proposition multiple enferme autant de propositions simples qu'il y a de noms
régissants ou régis ; il n'en est pas moins vrai
qu'elle ne peut paraître utile que si les membres
qu'assemble une copulative, ont quelqu'étendue,
et principalement si elle vient entre deux verbes
qui aient chacun son régime.

EXEMPLES.

Les dieux ne me *permettent pas de le revoir,* ni de
savoir s'il a fait naufrage, ni même de retourner à Ithaque.
(FÉNELON.)

Car je ne croirai pas que, sans me consulter,
La sévère Junie *ait voulu le flatter,*
Ni qu'elle ait consenti d'aimer et d'être aimée.
(RACINE. — *Brit.*)

Les Romains n'ont jamais désespéré de leurs affaires, ni
quand Porsenna, roi d'Etrurie, les affamait dans leurs

murailles, ni quand Pyrrhus, roi des Épirotes, aussi habile qu'entreprenant, les effrayait par ses éléphants et défaisait toutes leurs armées, ni quand Annibal, déjà tant de fois vainqueur, leur tua plus de cinquante mille hommes et leur meilleure milice, dans la bataille de Cannes.

(BOSSUET.)

5. (*Qui méprise Cotin, n'estime point son roi.*)
1. La virgule vient ici entre le nominatif et le verbe seulement pour avertir que le verbe n'est pas régi par le nom qui le précède immédiatement, c'est pour prévenir une équivoque; si donc le rapport du verbe avec l'antécédent s'aperçoit facilement, on ne doit pas faire usage de la virgule.

EXEMPLES.

Le bonheur *dont nous jouissons te flatte* plus que sa puissance.

La douleur *qui se tait n'en est* que plus funeste ;
Je le plains d'autant plus qu',auteur de son ennui,
Le coup *qui t'a perdu n'est parti* que de lui.

(RACINE. — *And.*)

Je veux l'attendre ici ; les chagrins *qu'il me cause*
M'occuperont assez tout le temps qu'il repose.
Tout *ce que j'ai prédit n'est* que trop assuré,
Contre Britannicus, Néron s'est déclaré.

(RACINE.)

2. Non plus le relatif qui est en tête d'une proposition déterminative (qu'il ne faut pas confondre avec les explicatives *) ne peut pas être séparé de son antécédent ; exemples.

Malheureux *l'homme qui fonde*, sur les hommes, son appui.

Voyez si mes regards sont d'un juge sévère,
S'ils sont *d'un ennemi qui cherche* à vous déplaire?

(RACINE. — *And.*)

---

* *Voyez* l'introduction de la Grammaire universelle, classique et polémique.

Il mêle, avec *l'orgueil qu'il* a pris dans leur sang,
La fierté des *Néron*, qu'il puisa dans mon flanc.

(RACINE. — *Brit.*)

Oui, c'est Agamemnon, c'est ton roi qui t'éveille;
Viens, reconnais *la voix qui* frappe ton oreille.

(RACINE.)

C'est elle qui, m'ouvrant le chemin qu'il faut suivre,
M'inspira, dès quinze ans, la haine d'un sot livre,
Et qui, sur le Parnasse, où j'osai la chercher,
Fortifia mes pas et m'apprit à marcher.

(BOILEAU. — S. 9.)

Dieu a fait au milieu de nous un *ouvrage qui*, détaché de toute autre cause et ne tenant qu'à lui seul, remplit tous les temps et tous les lieux; et qui porte partout le caractère de son autorité; c'est Jésus-Christ et son Église.

(BOSSUET.)

Je parle des humains; car quant aux animaux,
Ils y construisent *des travaux*
Qui, de torrents grossis, *arrêtent* le ravage.

(LAFONTAINE. — Liv. x, fab. 1.)

3. Si une proposition incidente s'appuie sur un terme qualificatif, elle est déterminative quant à ce terme; exemple.

Caligula, Néron,
Monstres dont à regret je cite ici le nom
Et qui, ne conservant que la figure d'homme,
Foulèrent à leurs pieds toutes les lois de Rome,
Ont craint cette loi seule; ils n'ont point, à nos yeux
Allumé le flambeau d'un hymen odieux.

(RACINE. — *Bérén.*)

6. (*Ni que.*) Lévisac, après le Batteux, a pris cette phrase pour une période de quatre membres, il n'y a toutefois qu'une proposition oblique, de laquelle dépendent plusieurs propositions subordonnées ou, en d'autres termes, il n'y a qu'un verbe à l'impératif, suivi d'un régime multiple. C'est à de pareilles méprises qu'il faut attribuer l'irrégularité que nous trouvons dans la ponctuation des propositions subordonnées.

Nous voyons les auteurs mettre, tantôt un point et une virgule, tantôt un point, entre deux propositions régies par le même verbe ; cette irrégularité se remarque dans le discours que Voltaire prononça, lorsqu'il est entré à l'académie.

> « *Ignorait-il que* Cicéron, après avoir rempli les pre-
> « mières places du monde, plaidait encore les causes des
> « autres citoyens ; *qu'*il conversait avec des philosophes ;
> « *qu'*il allait au théâtre ; *qu'*il daignait cultiver l'amitié
> « d'Esopus et de Roscius, et qu'il laissait aux petits leur
> « constante gravité ? »

Cette même inexactitude se trouve dans Bourdaloue, dans Racine, dans Pascal, dans Bossuet. Et sans doute, si l'exemple pouvait imposer, nous serions entraînés ; mais la règle est plus puissante, c'est elle qu'il faut suivre.

Les membres d'un sujet multiple se séparent par une virgule, plusieurs propositions subordonnées sont un sujet multiple ; donc elles ne peuvent pas être séparées par une pause plus longue que le repos qui s'observe entre deux substantifs placés sous le même verbe.

Si quelquefois on aperçoit qu'il n'y a pas une liaison assez étroite entre deux propositions subordonnées pour ne les séparer que par une virgule ; c'est qu'il faudrait répéter le verbe. C'est ainsi que, quand la construction n'est pas en harmonie avec l'ensemble, la ponctuation semble douteuse ; mais il ne s'agit que de faire la construction comme la clarté l'exige, la ponctuation ne s'embarrasse plus. Par exemple dans la phrase suivante il ne faut que répéter le verbe pour trouver la place du point et de la virgule.

« *Il faut*, pour rendre l'homme heureux, que la religion lui montre qu'il y a un Dieu, qu'on est obligé de l'aimer, que notre véritable félicité est d'être à lui et que notre unique mal est d'être séparé de lui ; *il faut* qu'elle nous apprenne que nous sommes pleins de ténèbres qui nous empêchent de le connaître et de l'aimer, et qu'ainsi nos devoirs nous obligent d'aimer Dieu, mais que notre concupiscence au contraire nous en détournant, nous sommes pleins d'injustice ; *il faut* qu'elle nous rende raison de l'opposition que nous avons à Dieu et à notre propre bien ; *il faut* qu'elle enseigne les remèdes et les moyens d'obtenir ces remèdes ; *il faut* qu'on examine sur tout cela les religions du monde, et qu'on voie s'il y en a une autre que la religion chrétienne qui y satisfasse. »   (PASCAL.)

7. (*Le même sujet.*) L'analogie et l'usage veulent que les verbes qui s'appuient sur le même sujet ne soient séparés que par une virgule, cependant cette partie de la ponctuation varie dans tous les auteurs ; Bossuet même n'est pas toujours conforme à lui-même. Cette variation vient de ce que la diction n'est pas assez raisonnée, de ce qu'on néglige de répéter le nominatif autant de fois que la construction le demande.

Ainsi, dans la phrase suivante, il faut ou répéter le nominatif, (c'est-à-dire mettre le verbe à l'indicatif) ou bien il faut faire usage de la virgule ; exemple.

Polybe voyait les Romains porter, du milieu de la Méditerranée, leurs regards partout aux environs, jusqu'aux Espagnes et jusqu'à la Syrie, *observer* ce qui s'y passait, *s'avancer* de proche en proche, *s'affermir* avant que de s'étendre, *ne point se charger* de trop d'affaires, *dissimuler* quelque temps et se déclarer à propos ; ils ont attendu, pour désarmer Philippe, qu'Annibal fût vaincu. *   (Bossuet.)

Si au lieu de laisser le verbe à l'infinitif comme il y est dans Bossuet, nous le mettons à l'indicatif, alors les propositions sont simples; le point et la virgule se montrent.

EXEMPLE.

Les Romains n'étaient jamais las ni contents, que tout ne fût fait; *ils ne laissaient* aux Macédoniens aucun moment pour se reconnaître. Mais après qu'ils les eurent vaincus, ils rendirent à la Grèce, si long-temps captive, la liberté à laquelle elle ne pensait plus; et par ce moyen *ils répandirent* d'un côté la terreur et de l'autre la vénération de leur nom.

On est encore entraîné à ponctuer incorrectement non-seulement parce que la construction contraste avec la logique, mais encore quelque-

---

* « Polybe voyait les Romains du milieu de la mer Mé-
« diterranée porter leurs regards partout aux environs,
« jusqu'aux Espagnes et jusqu'en Syrie; *observer* ce qui
« s'y passait; *s'avancer* régulièrement et de proche en
« proche; *s'affermir* avant que de s'étendre; ne se point
« charger de trop d'affaires; *dissimuler* quelque temps et
« se déclarer à propos; *attendre* qu'Annibal fût vaincu
« pour désarmer Philippe, roi de Macédoine, qui l'avait
« favorisé; après avoir commencé l'affaire, *n'être jamais*
« *las ni contents* que tout ne fût fait; *ne laisser* aux Ma-
« cédoniens aucun moment pour se reconnaître; et, après
« *les avoir vaincus, rendre* par un décret public à la
« Grèce, si long-temps captive, la liberté à laquelle elle
« ne pensait plus; par ce moyen *répandre* d'un côté la
« terreur, et de l'autre la vénération de leur nom. ** »

** Nous rapportons le texte afin de mettre le lecteur à portée de comparer la ponctuation et de juger les changements que nous faisons.

fois parce qu'une quantité de virgules se pressent les unes sur les autres et que, pour rompre cette suite de virgules, on fait la ponctuation plus forte. Il est préférable de négliger les virgules qui accompagnent soit des incises ou des transpositions, et de conserver la régularité entre les parties principales. Rien ne nuit plus à la clarté du discours que des parties similaires ponctuées diversement; en effet, il est difficile de comprendre que les membres d'une même proposition, et même les parties d'un membre, soient séparés par un point et une virgule; et à plus forte raison s'ils le sont par les deux points ou par le point, comme cela se voit quelquefois : on ne peut pas remonter au-delà de cette ponctuation, pour y chercher les parties qui la précèdent, puisqu'on sait qu'une proposition ne doit pas être coupée par une pause plus forte que la virgule.

La ponctuation, il est vrai, est faite pour le discours, mais il faut aussi que la diction soit régulière; la ponctuation ne peut pas redresser la construction; elle ne peut que faire ressortir ce qui est clair; elle ne peut que montrer, comme avec une touche, que toutes les parties d'une période sont construites nettement : il faut donc qu'elle trouve le discours tel qu'il doit être, ou s'il ne l'est pas, elle veut qu'on le rectifie; les exemples suivants que nous mettons en parrallèle avec le texte, nous ferons voir que la difficulté n'est pas insurmontable.

> Sur cent pieux devoirs aux saints elle est égale ;
> Elle lit, Rodriguez, fait l'oraison mentale,
> Va, pour les malheureux quêter dans les maisons,
> Hante les hôpitaux, visite les prisons,

Tous les jours à l'église *entend* jusqu'à six messes. *
Mais, en elle, combattre et dompter ses faiblesses,
Sur le fard, sur le jeu, vaincre sa passion,
Mettre un terme à son luxe, à son ambition,
Et soumettre l'orgueil de son esprit rebelle ;
C'est ce qu'en vain le ciel voudrait exiger d'elle.

(BOILEAU. — S. 10.)

Non, mais cent fois *la bête a vu* l'homme hypocondre
Adorer le métal que lui-même il fit fondre ;
Elle a vu, n'importe où, *les timides mortels*
Trembler aux pieds d'un singe assis sur leurs autels,
Et, sur les bords du Nil, les peuples imbéciles
L'encensoir à la main, *chercher* les crocodiles. **

Vous verrez dans une seule vie [celle de la reine d'Angleterre] toutes les extrémités des choses humaines ; une félicité et des misères sans bornes, une longue et paisible jouissance d'une des nobles couronnes de l'univers, tout ce que peuvent donner de plus glorieux, la naissance et la grandeur réunies sur une tête, qui ensuite est exposée à tous les outrages de la fortune ; vous verrez la bonne cause d'abord suivie de succès, et depuis, des retours soudains, des changements inouis ; vous verrez la rebellion, long-temps retenue, à la fin tout-à-fait maîtresse. Plus de frein à la licence ; les lois sont abolies, la majesté est violée par des attentats jusqu'alors inconnus ; l'usurpation et la tyrannie parlent au nom de la liberté. Une reine fugitive ne trouve aucune retraite dans trois royaumes, sa propre patrie n'est pour elle qu'un lieu d'exil; neuf voyages sur mer sont entrepris par la princesse malgré les tempêtes ; l'Océan est étonné de se voir traverser tant de fois en des

---

* Sur cent pieux devoirs aux saints elle est égale.
Elle lit Rodriguez, fait l'oraison mentale,
Va pour les malheureux quêter dans les maisons,
Hante les hôpitaux, *visite les prisons*,
Tous les jours à l'église *entend* jusqu'à six messes.

** Non. Mais cent fois la bête *a vu* l'homme hypocondre
Adorer le métal que lui-même il fit fondre :
A vu dans un pays les timides mortels
Trembler aux pieds d'un singe assis sur leurs autels ;
Et sur les bords du Nil les peuples imbéciles,
L'encensoir à la main, chercher les crocodiles.

(BOILEAU. — S. 8.)

appareils si divers et pour des causes si différentes ; un trône est indignement renversé et miraculeusement rétabli: voilà les enseignements que Dieu donne aux rois ; ainsi fait-il voir le néant des pompes du monde! * (BOSSUET.)

Au milieu des malheurs de l'Italie, et pendant que la peste ravageait Rome, saint Grégoire fut élevé sur le siège de St. Pierre. Ce grand pape appaise la peste par ses prières ; *il instruit* les empereurs, et tout ensemble leur fait rendre l'obéissance qui leur est due ; *il console* l'Afrique et la fortifie ; *il confirme* en Espagne les Visigoths, (convertis de l'arianisme) et Récarède le Catholique ; *il réforme* la discipline dans la France, dont il exalte les rois, toujours orthodoxes, au dessus de tous les rois de la terre ; *il convertit* l'Angleterre, fléchit les Lombards ; *il sauve* Rome et l'Italie, que les empereurs ne pouvaient aider ; *il réprime* l'orgueil naissant des patriarches de Constantinople ; *il*

---

*Vous verrez dans une seule vie toutes les extrémités des choses humaines ; la félicité sans bornes, aussi bien que les misères ; une longue et paisible jouissance d'une des nobles couronnes de l'univers ; tout ce que peuvent donner de plus glorieux la naissance et la grandeur accumulées sur une tête, qui ensuite est exposée à tous les outrages de la fortune ; la bonne cause d'abord suivie de bons succès, et depuis, des retours soudains, des changements inouis ; la rebellion long-temps retenue, à la fin tout-à-fait maîtresse ; nul frein à la licence ; les lois abolies ; la majestée violée par des attentats jusqu'alors inconnus ; l'usurpation et la tyrannie sous le nom de liberté ; une reine fugitive, qui ne trouve aucune retraite dans trois royaumes, et à qui sa propre patrie n'est plus qu'un triste lieu d'exil ; neuf voyages sur mer, entrepris par une princesse, malgré les tempétes ; l'Océan étonné de se voir traversé tant de fois en des appareils si divers et pour des causes si différentes ; un trône indignement renversé, et miraculeusement rétabli. Voilà les enseignements que dieu donne aux rois : ainsi fait-il voir au monde le néant de ses pompes et de ses grandeurs.

éclaire toute l'Église par sa doctrine, et gouverne l'Orient et l'Occident avec autant de vigueur que d'humilité : *il donne* au monde un parfait modèle du gouvernement ecclésiastique. *

(BOSSUET.)

Les hérésiarques qui ont fondé des sectes nouvelles parmi les chrétiens, ont pu, en niant les mystères, rendre la foi plus facile ; ils ont pu éblouir les hommes par leur éloquence et par une apparence de piété, les remuer par leurs passions, les engager par leurs intérêts, les attirer par le libertinage, soit par celui de l'esprit, soit par celui des sens ; en un mot, ils ont pu facilement ou se tromper ou tromper les autres. Mais outre qu'ils n'ont pas pu réduire leur religion à des faits positifs dont leurs sectateurs fussent témoins ni même se vanter d'avoir fait aucun miracle, il y a toujours un fait malheureux pour eux, que jamais ils n'ont pu couvrir, c'est celui de leur nouveauté ; il paraîtra toujours, aux yeux de tout l'univers, qu'eux et la secte qu'ils ont établie se sont détachés de ce grand corps et de cette Église ancienne que Jésus-Christ a fondée. **

---

* Au milieu des malheurs de l'Italie, et pendant que Rome était affligée d'une peste épouvantable, saint Grégoire le grand fut élevé malgré lui sur le siége de saint Pierre. Ce grand pape appaise la peste par ses prières; instruit les empereurs, et tout ensemble leur fait rendre l'obéissance qui leur est due; console l'Afrique et la fortifie; confirme en Espagne les Visigoths convertis de l'arianisme, et Récarède le Catholique, qui venait de rentrer au sein de l'Église; convertit l'Angleterre; réforme la discipline dans la France, dont il exalte les rois toujours orthodoxes au-dessus de tous les rois de la terre; fléchit les Lombards; sauve Rome et l'Italie, que les empereurs ne pouvaient aider; réprime l'orgueil naissant des patriarches de Constantinople; éclaire toute l'Église par sa doctrine; gouverne l'Orient et l'Occident avec autant de vigueur que d'humilité; et donne au monde un parfait modèle du gouvernement ecclésiastique.

** Les hérésiarques qui ont fondé des sectes nouvelles parmi les chrétiens ont bien pu rendre la foi plus facile,

Les prophètes ont vu le Messie vendu à son peuple; ils ont su le nombre et l'emploi des trente pièces d'argent *dont* il a été acheté. En même temps qu'ils l'ont vu grand et élevé, ils l'ont vu méprisé et méconnaissable au milieu des hommes; *ils l'ont vu* l'étonnement du monde, autant par son abaissement que par sa grandeur; *ils l'ont vu* le dernier des hommes, *l'homme* de douleurs, chargé de tous nos péchés; *ils l'ont vu* bienfaisant et méconnu, défiguré par ses plaies, et par là guérissant les nôtres; *ils l'ont vu* traité comme un criminel, mené au supplice avec des méchants et, comme un agneau innocent, se livrant paisiblement à la mort; *ils ont vu* une longue postérité naître de lui par ce moyen, et la vengeance déployée sur son peuple incrédule. Afin que rien ne manquât à la prophétie, ils ont compté les années jusqu'à sa venue; à moins que de s'aveugler, il n'y a pas moyen de le méconnaître. *

(Bossuet.)

en niant les mystères qui passent les sens; ils ont bien pu éblouir les hommes par leur éloquence et par une apparence de piété, les remuer par leur passion, les engager par leurs intérêts, les attirer par la nouveauté et le libertinage, soit par celui de l'esprit, soit même par celui des sens; en un mot, ils ont pu facilement ou se tromper ou tromper les autres, car il n'y a rien de plus humain; mais outre qu'ils n'ont pas pu même se vanter d'avoir fait aucun miracle en public, ni réduire leur religion à des faits positifs dont leurs sectateurs fussent témoins, il y a toujours eu un fait malheureux pour eux que jamais ils n'ont pu couvrir, c'est celui de leur nouveauté; il paraîtra toujours aux yeux de tout l'univers qu'eux et la secte qu'ils ont établie se sont détachés de ce grand corps et de cette Eglise ancienne que Jésus-Christ a fondée.   (Bossuet.)

* Ils l'ont vu vendu à son peuple; ils ont su le nombre et l'emploi des trente pièces d'argent *dont il a été acheté*. En même temps qu'ils l'ont vu grand et élevé, ils l'ont vu méprisé et méconnaissable au milieu des hommes; l'étonnement du monde, autant par sa bassesse que par sa gran-

Dans la phrase suivante, au lieu de placer le point et la virgule avant un nominatif transposé, il vaudrait mieux répéter le verbe, si d'ailleurs le nombre du pronom relatif n'indiquait pas assez que le pronom n'a qu'un support.

« De là sont sortis ces grands philosophes, Héraclite, Démocrite, Empédocle, Parménide, Anaxagore, qui, un peu avant la guerre du Péloponèse, fit voir le monde construit par un esprit éternel, Socrate qui, un peu après ramena la philosophie à l'étude des bonnes mœurs et qui fut le père de la philosophie morale, Platon, son disciple, chef de l'académie, Aristote, chef des péripatéticiens, disciple de Platon et précepteur d'Alexandre. *De ces mêmes sectes, sont sortis*, sous les successeurs d'Alexandre, Zénon, chef des stoïciens, nommé Cittien du nom d'une ville de l'île de Cypre, où il était né, et Épicure, athénien, chef des philosophes qui portent son nom, si toutefois on peut nommer philosophes ceux qui niaient la Providence, et qui, ignorant ce que c'est que le devoir, définissaient la vertu par le plaisir. On peut compter parmi les plus grands philosophes, Hippocrate, le père de la médecine, qui éclata, au milieu des autres, dans ces heureux temps de la Grèce. »

deur ; le dernier des hommes ; l'homme de douleurs chargé de tous nos péchés ; bienfaisant, et méconnu ; défiguré par ses plaies *, et par là guérissant les nôtres ; traité comme un criminel ; mené au supplice avec des méchants, et se livrant, comme un agneau innocent, paisiblement à la mort ; une longue postérité naître de lui par ce moyen, et la vengeance déployée sur son peuple incrédule. Afin que rien ne manquât à la prophétie, ils ont compté les années jusqu'à sa venue ; et à moins que de s'aveugler, il n'y a plus moyen de le méconnaître.

*De là sont sortis ces grands philosophes, Héraclite, Dé-

---

* Le substantif *plaies* est pris au propre ; l'exactitude ne permet pas qu'il soit rappelé au figuré.

Lévizac, a vu, dans l'énonciation suivante, une période composée de deux membres.

> « Souvenez-vous donc de *ce temps* de désordre et de
> « trouble, *où* l'esprit ténébreux confondait le droit avec
> « la passion, le devoir avec l'intérêt, la bonne cause avec
> « la mauvaise; *où les astres les plus brillants*, etc.....
>
> (Fléchier.)

C'est le point et la virgule qui, placés entre deux incidentes, l'ont conduit à prendre une de ces deux propositions pour une proposition oblique. Si au contraire la ponctuation était régulière, il serait clair que les deux propositions sont soutenues par le même antécédent. Ou semble-t-il que l'étendue de la première proposition incidente ne permette pas que la seconde s'appuie sur le même support? Il faut répéter l'antécédent et le verbe; alors la période sera effectivement de deux membres.

---

mocrite, Empédocle, Parménide; Anaxagore, qui, un peu avant la guerre du Péloponèse, fit voir le monde construit par un esprit éternel; Socrate, qui, un peu après ramena la philosophie à l'étude des bonnes mœurs, et qui fut le père de la philosophie morale; Platon, son disciple, chef de l'académie; Aristote, disciple de Platon et précepteur d'Alexandre, chef des péripatéticien; sous les successeurs d'Alexandre, Zénon, nommé Cittien, d'une ville de l'isle de Cypre où il était né, chef des stoiciens; et Épicure, athénien, chefs des philosophes qui portent son nom, si toutefois on peut nommer philosophes ceux qui niaient ouvertement la Providence, et qui, ignorant ce que c'est que le devoir, définissaient la vertu par le plaisir. On peut compter parmi les plus grands philosophes, Hippocrate, le père de la médecine, qui éclata au milieu des autres dans ces heureux temps de la Grèce.   (Bossuet.)

Souvenez-vous de ce temps de désordre et de trouble où l'esprit de discorde confondait le droit avec la passion, le devoir avec l'intérêt, la bonne cause avec la mauvaise; Souvenez-vous de ce temps où les astres les plus brillants souffrirent presque tous quelques éclipses, de ce temps où les plus fidèles sujets se virent entraînés comme un pilote qui, surpris par l'orage, est contraint de céder aux vents et à la tempête.

8. (*A grands pas.*) Les virgules que nous ajoutons au texte ne viennent pas ici pour indiquer qu'elles n'ont pas pu être négligées dans le texte, mais seulement qu'elles peuvent s'y montrer. Vainement M** se fait une loi de supprimer la virgule quand « le complément, déplacé par l'hyperbate, est d'une petite étendue. » Nous disons au contraire qu'elle peut toujours occuper sa place; exemple.

« Je ne sentis pas devant lui le désordre *où nous* *ordinairement*, la présence d'un grand homme. »

Suivant ce même auteur, si la virgule est retranchée ici, « le retranchement fait comprendre que l'inversion ne rompt pas *la liaison des idées consécutives.* » C'est-à-dire que cette suppression ferait comprendre le contraire de ce qui est; car l'ordre des idées est rompu, puisque l'agent vient après le verbe; et c'est cette transposition que peut marquer la virgule. Elle est si nécessaire à la clarté, que faute de la virgule, M. Girault a cru que le relatif *où* se liait au pronom personnel. Ces mots « *où nous ette ordinairement* » *ne sont* point séparés, dit-il, de *la présence d'un grand homme qui en est le sujet.*

Si la ponctuation avait été bien faite, M. Girault aurait vu que le pronom relatif *où* a pour antécédent le substantif désordre, qu'il faut le séparer du pronom *nous.*

EXEMPLE.

Je ne sentis pas le *désordre où* la présence d'un grand homme *nous* jette ordinairement.

Si une proposition est mal divisée, la ponctuation est toujours vicieuse ; toutefois quelque facile qu'il soit de séparer les parties d'une proposition, on s'habitue si peu à faire l'analyse que la faute que nous remarquons ici se voit fréquemment, même dans de bons auteurs.

Ce n'est qu'après que les élèves, déjà familiers avec l'analyse grammaticale, se seront accoutumés à faire l'analyse logiquement que ces défauts disparaîtront et que la ponctuation acquerra un degré de régularité propre à donner au langage toute la netteté et toute l'élégance désirable.

9. (*Un sens total.*) 1° La virgule ne peut être employée si le sens de la proposition antécédente est entraîné à la subséquente.

EXEMPLES.

L'esprit fatigue bientôt *si l'expression n'est pas juste.*

Le bon goût des Égyptiens leur fit aimer le solide et la régularité toute nue ; n'est-ce pas que la nature porte d'elle-même à cet air simple auquel on a tant de peine à revenir quand le goût a été gâté par des nouveautés et par des hardiesses bizarres ?   (BOSSUET.

L'Égypte aimait la paix *parce qu'elle aimait la justice*
et qu'elle n'avait de soldats que pour sa défense.
(BOSSUET.)

Là tous les vers sont bons *pourvu qu'ils soient nouveaux.*
(BOILEAU. — S. 10.)

Malgré lui-même enfin, je l'ai cru magnanime.
Ah, s'il l'était assez *pour nous laisser du moins*
Au tombeau qu'à ta cendre ont élevé mes soins !
(RACINE. — *And.*)

2. Au contraire si la corrélative est seulement
explicative, comme l'est un rapport de temps ou
de lieu, la virgule vient toujours entre deux.

Arrivés, les voilà, se trouvant bien ensemble,
Et bien qu'on soit, à ce qu'il semble,
Beaucoup mieux seul qu'avec des sots.
(L. 8 , fab. 10.)

Marché fait, les oiseaux forgent une machine
Pour transporter la pèlerine.
(L. 10 , fab. 3.)

La *tortue enlevée*, on s'étonne partout
De voir aller en cette guise
L'animal lent et sa maison.
(*Id.*)

10. (*Congénères.*) La virgule sépare les propositions congénères, parce que ces propositions
forment dans la période des membres qui veulent
être suivis du point et de la virgule ; de sorte que
la virgule ne fait que diviser les parties d'un
membre complexe. Un exemple plus étendu fera
mieux sentir comment plusieurs propositions
congénères se lient pour ne faire ensemble qu'un
membre de la période.

EXEMPLE.

A peine nous sortions des portes de Trézène,
Il était sur son char, ses gardes affligés,

3*.

Imitaient son silence autour de lui rangés,
Il suivait tout pensif le chemin de Mycènes,
Sa main sur les chevaux laissait flotter les rênes;
Ses superbes coursiers, qu'on voyait autrefois,
Pleins d'une ardeur si noble, obéir à sa voix,
L'œil morne maintenant et la tête baissée,
Semblaient se conformer à sa triste pensée.
Un effroyable cri, sorti du fond des flots,
Des airs en ce moment a troublé le repos,
Et du sein de la terre, une voix formidable
Répond en gémissant à ce cri redoutable;
Jusqu'au fond de nos cœurs notre sang s'est glacé,
Des coursiers attentifs, le crin s'est hérissé.
Cependant, sur le dos de la plaine liquide,
S'élève à gros bouillons une montagne humide;
L'onde approche, se brise et vomit à nos yeux,
Parmi des flots d'écume, un monstre furieux;
Son front large est armé de cornes menaçantes,
Tout son corps est couvert d'écailles jaunissantes,
Indomptable taureau, dragon impétueux,
Sa croupe se recourbe en replis tortueux,
Ses longs mugissements font trembler le rivage;
Le ciel avec horreur voit ce monstre sauvage,
La terre s'en émeut, l'air en est infecté,
Le flot qui l'apporta recule épouvanté;
Tout fuit, et, sans s'armer d'un courage inutile,
Dans le temple voisin, chacun cherche un asile.
Hippolyte lui seul, digne fils d'un héros,
Arrête les coursiers, saisit ses javelots,
Pousse au monstre, et d'un dard lancé d'une main sûre,
Il lui fait dans le flanc une large blessure;
De rage et de douleur, le monstre bondissant
Vient aux pieds des chevaux tomber en mugissant,
Se roule, et leur présente une gueule enflammée,
Qui les couvre de feu, de sang et de fumée;
La frayeur les emporte, et, sourds à cette fois,
Ils ne connaissent plus ni le frein ni la voix.
En efforts impuissants leur maître se consume,
Ils rougissent le mords d'une sanglante écume;
On dit qu'on a vu même, en ce désordre affreux,
Un dieu qui, d'aiguillons, pressait leurs flancs poudreux.
A travers les rochers, la peur les précipite;
L'essieu crie et se rompt; l'intrépide Hippolyte
Voit voler en éclats tout son char fracassé,
Dans les rênes, lui-même il tombe embarrassé.
Excusez ma douleur, cette image cruelle
Sera pour moi de pleurs une source éternelle!
J'ai vu, seigneur, j'ai vu votre malheureux fils
Traîné par les chevaux que sa main a nourris;
Il veut les rappeler; *et sa voix les effraie,*

Ils courent : tout son corps bientôt n'est qu'une plaie.
De nos cris douloureux, la plaine retentit.
Leur fougue impétueuse enfin se ralentit ;
Ils s'arrêtent, non loin de ces tombeaux antiques
Où des rois, ses aïeux, sont les froides reliques.
Je cours, en soupirant, et *sa garde me suit*,
De son généreux sang la trace nous conduit ;
*Les rochers en sont teints, les ronces dégoûtantes
Portent de ses cheveux les dépouilles sanglantes.*
J'arrive, je l'appelle ; et, me tendant la main,
Il ouvre un œil mourant qu'il referme soudain.
Le ciel, dit-il, m'arrache une innocente vie,
Prends soin après ma mort de la triste Aricie.
Cher ami, si mon père, un jour, désabusé
Plaint le malheur d'un fils faussement accusé,
Pour appaiser mon sang et mon ombre plaintive,
Dis-lui qu'avec douceur il traite sa captive,
Qu'il lui rende...... A ce mot ce héros, *expiré**,
N'a laissé dans mes bras qu'un corps défiguré,
Triste objet où des dieux triomphe la colère
Et que méconnaîtrait l'œil même de son père.

(RACINE. — *Ph.*)

11. (*Petit-qué.*) Le mot latin *quæ* s'écrivait anciennement *q* ; de là, le point et la virgule se sont appelés *petit qué* ; Restaut dit « *le point et la virgule* se mettent etc. *le point avec la virgule* ; l'Académie « on met *un point et une virgule.*

12. (*Carrée.*) La période narrative est elle-même une période carrée ; il y a, pour toute différence, que les membres de la narrative peuvent se composer de plusieurs propositions congénères.

La période carrée proprement dite est composée de quatre membres, néanmoins on range sous cette dénomination toute période bien arrangée et nombreuse.

13. (*je suis vaincu.*) Racine a fait ici usage du point ; cette ponctuation concorde avec la manière de dire sur la scène. Néanmoins la cons-

---

* Voyez la Grammaire universelle, t. 3, p. 547.

truction n'appelle que la virgule ; la raison en est que *Pompée* est l'agent qui domine le verbe *vaincre*, (« *Pompée m'a vaincu*, *il* a saisi l'avan-« tage... ») et que la méthode veut que les termes qui appartiennent à la même proposition, ne serait-ce que logiquement, ne puissent être séparés que par le plus faible repos.

Observations.

14. *(Récit complet.)* 1° Le corollaire composé de plusieurs propositions, se ponctue comme toute autre phrase, c'est-à-dire qu'après le comma peut venir la virgule ou le point et la virgule, selon que le veut la construction.

EXEMPLES.

Il y a des misères sur la terre qui saisissent le cœur, il manque à quelques-uns jusqu'aux premiers aliments ; ceux-là redoutent l'hiver, ils appréhendent de vivre ; ailleurs on force les saisons, on mange des fruits prématurés ; de simples bourgeois, seulement à cause qu'ils étaient riches, ont eu l'audace d'avaler en un seul morceau la nourriture de cent familles : tienne qui voudra contre de si grandes extrémités, je ne veux être, si je le puis, ni malheureux ni heureux ; je me jette et je me réfugie dans la médiocrité.   (LABRUYÈRE.)

Si les pensées, les livres, les auteurs dépendaient des riches et de ceux qui ont fait une belle fortune, quelle proscription ! il n'y aurait plus de rappel ; quel ton, quel ascendant ne prennent-ils pas sur les savants ? quelle majesté à l'égard de ces hommes chétifs que leur mérite n'a ni placés ni enrichis, et qui en sont encore à penser et à écrire judicieusement : il faut l'avouer, le présent est pour les riches ; mais l'avenir est pour les vertueux et pour les habiles : Homère sera toujours.   (*Idem.*)

2. Le point et la virgule, au lieu du comma, viennent avant le corollaire, toute fois que la

période est courte, c'est-à-dire si déjà ce signe n'est pas employé *.

EXEMPLES.

Les génies et les grands talents manquent souvent, quelquefois c'est les occasions seules ; tels peuvent être loués de ce qu'ils ont fait, tels autres de ce qu'ils pourraient faire.   (LABRUYÈRE.)

Il n'y a point de si pénible métier, que celui de se faire un nom ; la vie s'avance, qu'à peine on a ébauché son ouvrage, ou même la palme se flétrit avant la fin du jour.   (LABRUYÈRE.)

Les hommes sont trop occupés d'eux-mêmes pour avoir le loisir de pénétrer ou de discerner les autres ; de là vient qu'avec un grand mérite et une plus grande modestie, on peut être long-temps ignoré.   (LABRUYÈRE.)

L'inquiétude, la crainte, l'abattement n'éloignent pas la mort, c'est le contraire ; je doute seulement que le ris excessif convienne aux hommes qui sont mortels.
                    (LABRUYÈRE.)

La mort n'arrive qu'une fois, et se fait sentir à tous les moments de la vie ; il est plus dur de l'appréhender que de la souffrir.   (LABRUYÈRE.)

---

* Cette méthode est conforme à la gradation de la ponctuation, d'ailleurs moins les repos sont forts, plus le discours paraît coulant ; c'est lui faire perdre de la grâce qu'il doit avoir que d'employer les deux points, si ce n'est pas pour marquer une pause plus longue que la précédente.

On fait usage du comma dans le syllogisme ; cependant le point et la virgule pourraient venir avant la conséquence si les prémisses étaient séparées seulement par la virgule ; l'argument n'en serait pas moins clair ; exemple.

Le mérite blesse les orgueilleux, *la vanité est orgueilleuse* ; donc la vanité nous fait supporter difficilement le mérite

> *Dans le monde il n'est rien de beau que l'équité;*
> *Sans elle la valeur, la force, la beauté*
> *Et toutes les vertus dont s'éblouit la terre,*
> *Ne sont que faux brillants et que morceaux de verre.*
>
>   (BOILEAU. — S. 11.)

>   .... *La chétive pécore*
>   *S'enfla si bien, qu'elle créva.*
> *Le monde est plein de gens qui ne sont pas plus sages;*
> *Tout bourgeois veut bâtir comme les grands seigneurs,*
> *Un petit prince a des ambassadeurs,*
> *Tout marquis veut avoir des pages.*
>
>   (LAFONTAINE.—L. 1, fab. 3)

La ponctuation est vicieuse partout *; les deux points surtout s'emploient très improprement : remarquons seulement trois de ces disconvenances.

L'on se sert des deux points, dit Lévizac, « après une proposition qui annonce une énumération sous un rapport général. » c'est-à-dire après une proposition suivie d'un dénombrement ; exemples.

Il y a dans la nature de l'homme deux principes opposés : l'amour-propre, qui nous appelle à nous ; et la bienveillance qui nous répand.

Deux grands traits peignent le caractère : l'activité à rendre service et le silence sur les services rendus.

---

* La ponctuation est moins incorrecte dans Rousseau que dans Voltaire, moins incorrecte encore dans Bossuet que dans Fénélon ; on approche de l'exactitude, si, à un tact fin, se joint une grande habitude de l'analyse ; si, comme Du Marsais, on est logicien consommé, il ne manque plus que des règles bien raisonnées. Que ceux qui s'imaginent qu'on sait la ponctuation dès que l'on entend quelques phrases, se désabusent ; on la cherche long-temps.

Tout plaît dans Bossuet : la profondeur des idées, la justesse des expressions, la hardiesse du style et la solidité.

Le comma occupe ici la place du point et de la virgule, de plus les parties du dénombrement ou sens distributif sont sous le même verbe ; le *petit-qué* ne peut pas revenir , il faut dire ,

« Il y a dans la nature de l'homme deux principes op-
« posés ; l'amour-propre , qui nous rappelle à nous , et la
« bienveillance, qui nous répand. »

M.** place sous la même règle la phrase suivante, plus mal ponctuée.

« Un orateur parfait est celui qui sait plaire , toucher ,
« instruire son auditoire. Instruire est d'obligation : plaire,
« est de surérogation : toucher est de toute nécessité. »

Les deux points sont ici évidemment à la place de la virgule ; les infinitifs pris d'abord dans l'emploi du verbe, sont ensuite pris substantivement : c'est une énumération distributive, qui doit être rapide ; et d'ailleurs il n'y a qu'une période.

EXEMPLE.

Un orateur parfait, c'est celui qui sait plaire , et qui sait toucher et instruire son auditoire ; instruire est d'obligation , plaire est de surérogation , toucher est de toute nécessité.

C'est encore à peu près suivant le même système que M. Girault a ponctué cette phrase-ci.

L'heureuse conformation des organes s'annonce par un air de force ; celle des fluides par un air de vivacité : un air fin est comme l'étincelle de l'esprit : un air doux promet des égards flatteurs : un air noble marque l'élévation des sentimens : un air tendre semble être le garant d'un retour d'amitié.

Le premier repos dans cet exemple doit être marqué par la virgule ; après vient le dénombrement , c'est à la virgule à en séparer les parties ; exemple.

> L'heureuse conformation des organes s'annonce par un air de force , celle des fluides par un air de vivacité ; un air fin est comme l'étincelle de l'esprit, un air doux promet des égards flatteurs ; un air noble marque l'élévation des sentiments , un air tendre semble être le garant d'unre tour d'amitié.

Enfin MM. Girault et Vinçart disent , avec Lévizac, que *les deux points* doivent venir avant le dénombrement ou sens distributif, mais eux-mêmes placent le point et la virgule dans ce même emploi ; ainsi dans l'un comme dans l'autre de ces auteurs, on voit la méthode varier, ou plutôt on voit qu'il n'y a point de principe suivi.

Les exemples ci-après, tous deux exactement ponctués, se trouvent, le premier dans la Grammaire des grammaires, et le second, dans le traité de M. V.

> « Tibulle est, sans contredit, le premier des poètes
> « critiques ; sa philosophie est douce , son coloris est bril-
> « lant , ses tableaux sont animés , sa sensibilité est pro-
> « fonde.
>
> « Tout plait dans les synonymes de l'abbé Girard ; la
> « finesse des remarques , la justesse des pensées , le choix
> « des exemples.

On se sert *du deux points* *, dit M. ** quand il y a comparaison.

___

* M. Vinçart fait un singulier d'un pluriel ; cette syllepse , si même ce n'est pas un solécisme , est mal sonnante.

EXEMPLE.

Les revers seuls éprouvent l'âme :
Ainsi l'or, du sein de la flamme,
Coule plus brillant et plus pur ;
Et, brisant sa tourbe grossière,
La chrysalide prisonnière
S'élance aux plaines de l'azur.

La proposition principale ici a trop peu d'étendue pour qu'elle puisse être suivie des deux points ; il faut, pour que le comma vienne avant une comparaison, que le point et la virgule le précèdent, et que la comparaison, espèce de corollaire, soit courte.

EXEMPLES.

Au récit imprévu de l'horrible insolence,
Le prélat hors du lit, impétueux, s'élance ;
Vainement d'un breuvage, à deux mains, apporté,
Gilotin avant tout veut le voir humecté,
Il veut partir à jeun, il se peigne, il s'apprête ;
L'ivoire trop hâté deux fois rompt sur sa tête,
Et deux fois de sa main le buis tombe en morceaux :
Tel Hercule filant rompait tous les fuseaux.

(BOILEAU. — Le Lut.)

Mais tout cède aux efforts du chanoine Fabri.
Ce guerrier, dans l'église aux querelles nourri,
Est robuste de corps, terrible de visage,
Et de l'eau dans son vin n'a jamais su l'usage ;
Il terrasse lui seul et Guibert et Grasset,
Et Gorillou, la basse, et Grandin, le fausset,
Et Gerbais, l'agréable, et Guerin, l'insipide ;
Des chantres, désormais la brigade timide
S'écarte, et du palais regagne les chemins :
Telle à l'aspect d'un loup, terreur des champs voisins,
Fuit, d'agneaux effrayés, une troupe bêlante,
Ou tels devant Achille, aux campagnes du Xante,
Les Troyens se sauvaient à l'abri de leurs tours.

(BOILEAU. — Le Lut.)

Si au contraire la comparaison a assez d'étendue

4

pour fournir une période nombreuse, le point
ou l'alinéa est préférable au comma.

EXEMPLES.

La, pour nous enchanter, tout est mis en usage,
Tout prend une âme, un corps, un esprit, un visage ;
Chaque vertu devient une divinité,
Minerve est la prudence et Vénus la beauté ;
Ce n'est plus la vapeur qui produit le tonnerre,
C'est Jupiter armé pour effrayer la terre ;
Un orage terrible aux yeux des matelots,
C'est Neptune en courroux, qui gourmande les flots ;
Echo n'est plus un son qui dans l'air retentisse,
C'est une nymphe en pleurs qui se plaint de Narcisse.
    Ainsi, dans cet amas de nobles fictions,
Le poète s'égaye en mille inventions,
Orne, élève, embellit, agrandit toutes choses
Et trouve sous sa main des fleurs toujours écloses.
Qu'Énée et ses vaisseaux, par les vents écartés,
Soient aux bords africains, d'un orage, emportés,
Ce n'est qu'une aventure ordinaire et commune,
Qu'un coup peu surprenant des traits de la fortune ;
Mais que Junon, constante en son aversion,
Poursuive sur les flots les restes d'Ilion,
Qu'Éole en sa faveur les chassant d'Italie,
Ouvre aux vents mutinés les prisons d'Éolie,
Que Neptune en courroux, s'élevant sur la mer,
D'un mot calme les flots, mette la paix dans l'air,
Délivre les vaisseaux, des Syrtes les arrache :
C'est là ce qui surprend, frappe, saisit, attache.

(BOILEAU. — Art p.)

Pour moi, je n'ai point vu parmi tant d'avancés,
Soit de ce siècle ci, soit des siècles passés,
Homme que la fortune ait tâché d'introduire,
Qui devant le bonheur ait su se bien conduire ;
Or d'être cinquante ans aux honneurs élevé,
Des grands et des petits dignement approuvé,
Et de sa vertu propre, aux malheurs, faire obstacle ;
Je n'ai point vu de sot avoir fait ce miracle.
    Ainsi, pour discerner le bien d'avec le mal,
Voir tout, connaître tout, d'un œil toujours égal,
Manier dextrement les desseins de nos princes,
Répondre à tant de gens de diverses provinces,
Etre des étrangers, pour oracle, tenu,
Prévoir tout accident avant qu'être advenu,
Détourner par prudence une mauvaise affaire ;
Ce n'est pas chose aisée ou trop facile à faire.

(REGNIER.)

Déjà de toutes parts les chanoines s'éveillent ;
L'un croit que le tonnerre est tombé sur les toits ,
Et que l'église brûle une seconde fois ,
L'autre, encore agité de vapeurs plus funèbres,
Pense être au Jeudi-Saint , croit que l'on dit ténèbres,
Et déjà tout confus, tenant midi sonné ,
En lui même frémit de n'avoir point dîné.
   Ainsi, lorsque tout prêt à briser cent murailles ,
Louis , la foudre en main, abandonnant Versailles ,
Au retour du soleil et des zéphirs nouveaux ,
Fait dans les champs de Mars déployer ses drapeaux ;
Au seul bruit répandu de sa marche étonnante,
Le Danube s'émeut, le Tage s'épouvante ,
Bruxelles attend le coup qui la doit foudroyer ,
Et le Batave encore est prêt à se noyer.
(Boileau. — Le Lut.)

Enfin , s'il y a un rapport prochain entre la comparaison et ce qui la précède, on ne peut faire usage ni du comma ni du point.

EXEMPLES.

Telle qu'une bergère au plus beau jour de fête ,
De superbes rubis ne charge point sa tête ,
Et sans mêler à l'or l'éclat des diamants , .
Cueille en un champ voisin ses plus beaux ornements ;
Telle aimable en son air, mais humble dans son style ,
Doit éclater sans pompe une élégante idylle.
(Boileau. — Art p.)

   Tel un taureau qu'une guêpe en furie
A piqué dans les flancs , aux dépens de sa vie,
. . . .
Exhale sa fureur en longs mugissements ;
Tel le fougueux prélat, que ce songe épouvante,
Querelle en se levant, et laquais et servante ,
Et d'un juste courroux rallumant sa vigueur ,
Même avant le dîner , parle d'aller au chœur.
(Boileau. — Le Lut.) ;

La ponctuation ne peut pas, dans ces périodes, être plus forte que le point et la virgule ; parce que les parties sont corrélatives.

Dans les vers suivants, c'est encore le point et la virgule qu'il faut employer, non-seulement parce que la comparaison tombe sur les propositions principales, de même que si elle était corrélative, mais encore parce qu'il n'y a pas une ponctuation plus forte avant.

EXEMPLE.

Il n'est point de serpent ni de monstre odieux
Qui par l'art imité ne puisse plaire aux yeux,
D'un pinceau délicat, l'artifice agréable,
Du plus affreux objet, fait un objet aimable;
Ainsi pour nous charmer la tragédie en pleurs
D'Œdipe tout sanglant fit parler les douleurs,
D'Oreste parricide exprima les alarmes,
Et, pour nous divertir, nous arracha des larmes.
(BOILEAU. — *Art p.*)

On doit employer les deux points, dit Lévizac, quand on passe d'un discours à un autre; exemple.

Voici comme ce Dieu vous répond par ma bouche :
Du zèle de ma loi que sert de vous parer,
Par de stériles vœux pensez-vous m'honorer ?
(RACINE. — *Ath.*)

Et, dit Domergue, on emploie les deux points toutes les fois qu'on annonce un discours, une citation ; exemple.

Dames mites disaient, à leurs petits enfants :
Il fut un temps que la terre était ronde,

Suivant ce dernier exemple, une phrase, bien que régie par le verbe, pourrait en être séparée par les deux points ; cependant, quand un verbe régit directement soit un substantif ou une proposition, ce complément est toujours le cas du verbe ; on sait qu'un régime direct ne peut pas être séparé du verbe à moins qu'il y ait une incise entre les deux membres ; exemple.

> Quel plaisir de penser, et de *dire, en vous-même,*
> « *Partout, en ce moment, on me bénit, on m'aime,*
> « *On ne voit point le peuple à mon nom s'alarmer ;*
> « *Le ciel, dans tous leurs pleurs, ne m'entend point nommer,*
> « *Leur sombre inimitié ne fuit point mon visage ;*
> « *Je vois voler partout les cœurs à mon passage.* »
> Tels étaient vos plaisirs ; Quel changement, ô dieux !
> Le sang le plus abject vous était précieux.
> Un jour, il m'en souvient, le sénat équitable
> Vous pressait de souscrire à la mort d'un coupable ;
> Vous résistiez, seigneur, à sa sévérité,
> Votre cœur s'accusait de trop de cruauté ;
> Et, plaignant les malheurs attachés à l'empire,
> *Je voudrais,* disiez-vous, *ne savoir pas écrire.*
>
> (RACINE. — *Brit.*

A la vérité, dans Fénelon, les citations, quelles qu'elles soient, sont toujours précédées des deux points ; l'auteur des Lettres provinciales cédait aussi parfois à cet usage. Mais un esprit fin se trouve trop à l'étroit sous le joug de la routine, il tend sans cesse à s'en affranchir ; Pascal ne marquait pas toujours un repos entre les termes rapportés et le verbe régissant, pas même par une virgule.

EXEMPLES.

Les dominicains ont cela de bon, qu'ils ne laissent pas de dire que *tous les hommes ont la grâce suffisante.*

Les noms sont inséparables des choses ; si le mot de grâce suffisante est une fois affermi, vous aurez beau dire que vous *entendez par là une grâce qui est insuffisante ;* vous n'y serez pas reçu.

Ce n'est pas aux deux points qu'il appartient de marquer que l'expression est rapportée ; cet emploi est le partage des guillemets comme on le voit dans Bossuet.

Ils préférèrent à ces saints prophètes « *des prophètes qui leur prêchaient des illusions.* »

On voit « *la ruine de la cité sainte et du sanctuaire.* »

Le décret porte « *qu'il en jouira lui et sa postérité jusqu'à ce qu'il vienne un véritable prophète.* »

Lampridius nous dira « *qu'Adrien avait élevé à Jésus-Christ des temples, qu'on voyait encore du temps qu'il écrivait.* »

On trouve, il est vrai, dans Bossuet, comme dans Pascal, dés exemples qu'on peut opposer les uns aux autres; mais il faut s'arrêter à ceux qui sont analogues; à ceux qui sont selon les principes.

Gresset dans sa tragédie (Édouard III) fait dire, à Alzonde, héritière de la couronne d'Écosse.

« S'élevant contre moi de la nuit éternelle ;
« La voix de mes aïeux dans leur séjour m'appelle,
« Je les entends crier : *Nous régnions, et tu sers :*
« *Nous te laissons un sceptre, et tu portes des fers.* »

C'est ainsi que ces vers sont rapportés, par Sicard, comme un modèle; mais au lieu de suivre Gresset ou Sicard, il faut ponctuer comme il suit.

S'élevant contre moi de la nuit éternelle,
La voix de mes aïeux dans leur séjour m'appelle ;
Je les entends crier « *Nous régnions, et tu sers ;*
« *Nous te laissons un sceptre, et tu portes des fers* *. »

----

* Bien que les deux propositions soient sous le même verbe, le point et la virgule doivent venir entre les deux; parce que la citation est un tout qui doit rester ponctué comme dans le texte.

Le point et la virgule sont appelés dans cette phrase par l'étendue du sens; la construction pleine le démontre.

« Nous régnions, tu devais régner aussi, et cependant « tu sers ; nous te laissons un diadème, tu dois le ceindre, « et cependant tu portes des fers. »

C'est ainsi que s'il s'élève quelque doute, la construc-

Revenons à Lévizac, l'exemple qu'il donne diffère essentiellement de celui qu'a rapporté Domergue ; dans Domergue, les deux points sont suivis d'une proposition subordonnée ; dans Lévizac, c'est une proposition principale qui vient après le comma. (*Voy.* à la page 76.)

« Du zèle de ma loi, que sert de vous parer ?
(RACINE. — *Ath.*)

Cette proposition, tout-à-fait détachée de ce qui précède, doit en être séparée par un point ; exemple.

Je crains Dieu, dites-vous, sa vérité me touche ;
Voici comme ce Dieu vous répond par ma bouche.
« Du zèle de ma loi, que sert de vous parer,
Par de stériles vœux, pensez-vous m'honorer ?
Quel fruit me revient-il de tous vos sacrifices,
Ai-je besoin du sang des boucs et des génisses ?
Le sang de vos rois crie, et n'est point écouté ;
Rompez, rompez tout pacte avec l'impiété,
Du milieu de mon peuple exterminez les crimes ;
Et vous viendrez alors m'immoler vos victimes. »
(RACINE. — *Ath.*)

---

tion pleine ou le raisonnement fait cesser la difficulté. Dans les vers suivants, le point et la virgule peuvent séparer un corollaire distributif, parce qu'il enferme diverses explications, et que la ponctuation doit être graduée.

A l'égard de nous autres hommes,
Je ferais notre lot infiniment plus fort,
Nous aurions un double trésor ;
L'un, cette âme pareille en tous tant que nous sommes,
Sages, fous, enfants, idiots,
Hôtes de l'univers, sous le nom d'animaux ;
L'autre, encore une autre âme, entre nous et les anges
Commune en un certain degré :
Et ce trésor à part créé,
Suivrait, parmi les airs, les célestes phalanges,
Entrerait dans un point sans en être pressé,
Ne finirait jamais quoique ayant commencé.
(L. II, fab. I.)

C'est ainsi que toute citation doit être précédée, soit par une virgule, soit par le point et la virgule, soit par le point, selon que les termes rapportés se lient à ce qui les précède, ou qu'ils en sont détachés.

EXEMPLES.

Zacharie a vu toutes ces choses; mais ce qu'il y a de grand, « c'est le Seigneur envoyé par le Seigneur pour « habiter dans Jérusalem, d'où il appelle les gentils pour « les agréger à son peuple et demeurer au milieu d'eux. »

(BOSSUET.)

Les peuples accoutumés au joug des rois chaldéens, les voient eux-mêmes sous le joug; « Vous voilà, dirent-ils, blessés comme nous, vous êtes devenus semblables à nous; vous qui disiez, dans votre cœur, « j'élèverai mon trône au-dessus des autres, je serai semblable au Très-Haut. »

(BOSSUET.)

Malachie voit aussi, comme Agée, la gloire du second temple et le Messie qui l'honore de sa présence; mais il voit en même temps que le Messie est le Dieu à qui ce temple est dédié. « J'envoie mon ange, dit le Seigneur, pour préparer les voies; incontinent vous verrez arriver, dans son saint temple, le Seigneur que vous cherchez et l'ange d'alliance que vous désirez. »　　(BOSSUET.)

Il n'en est pas ainsi des Juifs; Dieu les a traités comme des enfans désobéissants qu'il remet dans leur devoir par le châtiment, et puis touché de leurs larmes, il oublie leurs fautes. « Ne crains point, ô Jacob, dit le Seigneur, parce « que je suis avec toi; je te châtierai avec justice. Je ne te « pardonnerai pas comme si tu étais innocent; mais je ne « te détruirai pas comme je détruirai les nations parmi « lesquelles je t'ai dispersé. »　　(BOSSUET.)

15. (*A la fin.*) 1° La première phrase d'un discours commence toujours par une lettre ma-

juscule, il en est de même de toute phrase qui vient après le point.

EXEMPLES.

Cependant les Bourguignons, peuple germain, occupèrent le voisinage du Rhin, d'où peu à peu ils gagnèrent le pays qui porte leur nom. Les Francs ne s'oublièrent pas ; résolus de faire de nouveaux efforts pour s'ouvrir les Gaules, ils élevèrent à la royauté, Pharamond, fils de Marcomir : la monarchie de France, la plus ancienne, la plus noble de toutes celles qui sont au monde, commença sous lui.   (BOSSUET.)

2° La lettre majuscule vient également après les guillemets, quand la citation est un discours ; exemples.

La mère de Coriolan lui dit, entre autres choses, « Ne connaissez-vous pas les Romains? ne savez-vous pas, mon fils, que vous n'en obtiendrez ni grande ni petite chose par la force, que vous n'en obtiendrez rien que par la prière ?   (BOSSUET.)

Lui seul a pu dire, sans craindre d'être démenti, « Qui de vous me reprendra de péché ? » et encore « Je suis la lumière du monde, ma nourriture est de faire la volonté de mon père ; celui qui m'a envoyé est avec moi, il ne me laisse pas seul, parce que je fais tout ce qui lui plaît. »

Quand on rapporte un fait ou un principe comme une chose constante, on ne fait pas usage d'une petite capitale, si la citation ne commence pas par une phrase ; exemples.

Le titre qu'en Égypte, on donnait aux bibliothèques inspirait l'envie d'y entrer ; on les appelait « le trésor des remèdes de l'âme. » Elle s'y guérissait de l'ignorance ; la plus dangereuse de ses maladies, et la source de toutes les autres. — Dieu a voulu que Moïse même « fût instruit dans toute la sagesse des Égyptiens » ; c'est par là qu'il a commencé « à être puissant en paroles et en œuvres. »

Quoiqu'il soit le fils d'Abraham, « il était avant qu'Abraham fût fait. »   (BOSSUET.)

3° La lettre majuscule se met encore en tête de tous les noms, soit d'homme, de lieu, ou de solennité ; tels que *Turenne*, *la France*, *les Alpes*, *Pâques et Noël*; exemple.

Turenne renversait digues et murailles, *Bossuet* foudroyait l'impiété.

On met encore la lettre capitale en tête de tout nom , soit d'une science , d'un art, ou d'une dignité; mais quant à ceux-ci seulement lorsqu'ils régissent le verbe ; exemples.

Heureux le peuple chez lequel, l'*Agriculture est* en honneur.

Depuis que la *Philosophie se dit* de choses si différentes ; on ne sait pas toujours ce que c'est qu'un philosophe.

La *Morale* de la Nouvelle Héloïse, *n'est*, à le bien prendre, que l'apologie d'une flamme adultère.

Enfin on met une lettre capitale en tête de chaque vers ; exemple.

> Je ne t'ai point aimé, cruel ! qu'ai-je donc fait ?
> J'ai dédaigné pour toi les vœux de tous nos princes,
> Je t'ai cherché moi-même au fond de tes provinces ;
> J'y suis encor, malgré tes infidélités,
> Et malgré tous mes Grecs, honteux de mes bontés ;
> Je leur ai commandé de cacher mon injure ;
> J'attendais en secret le retour d'un parjure ;
> J'ai cru que tôt ou tard, à ton devoir rendu,
> Tu me rapporterais un cœur qui m'était dû.
> Je t'aimais inconstant, qu'aurais-je fait fidèle ?
> Et même en ce moment que ta bouche cruelle
> Vient si tranquillement m'annoncer le trépas,
> Ingrat, je doute encor si je ne t'aime pas.
> Mais, Seigneur, s'il le faut, si le ciel en colère
> Réserve à d'autres yeux la gloire de vous plaire ,

Achevez votre hymen, j'y consens; mais du moins
Ne forcez pas mes yeux d'en être les témoins :
Pour la dernière fois, je vous parle peut-être,
Différez-le d'un jour, demain vous serez maître.
Vous ne répondez point ? Perfide, je le voi,
Tu comptes les moments que tu perds avec moi,
Ton cœur, impatient de revoir ta Troyenne,
Ne souffre qu'à regret qu'une autre t'entretienne !
Tu lui parles du cœur, tu la cherches des yeux ;
Je ne te retiens plus, sauve-toi de ces lieux.
Va lui jurer la foi que tu m'avais jurée,
Va profaner des dieux la majesté sacrée ;
Ces dieux, ces justes dieux n'auront pas oublié
Que les mêmes serments avec moi t'ont lié !
Porte aux pieds des autels ce cœur qui m'abandonne,
Va, cours; mais crains encor d'y trouver Hermione.

> (RACINE. — *And.*)

16. (*Isolée,*) 1° Si la phrase est interrompue; cette interruption se marque par trois ou quatre points.

EXEMPLES.

Toujours devant mes yeux, je crois voir mon époux ;
Je le vois, je lui parle ; et mon cœur...... Je m'égare,
Seigneur ; ma folle ardeur malgré moi se déclare.

> (RACINE. — *Ph.*)

Moi qui n'ai d'autre objet ni d'autre dieu......

> — Tais-toi,

Oses-tu donc parler sans l'ordre de ton roi ?

> (RACINE. — *Esth.*)

Le jour n'est pas plus pur que le fond de mon cœur ;
Et l'on veut qu'Hippolyte épris d'un feu profane.......
— Oui, c'est ce même orgueil, lâche, qui te condamne.

> (RACINE. — *Ph.*)

Hélas, d'où nous viendra cette insigne faveur,
Si les rois de qui doit descendre ce Sauveur !...

> (RACINE. — *Ath.*)

Quoi ! ne voyez-vous pas *quelle nombreuse escorte....*
—Je vois que du saint temple on referme la porte.

> (RACINE. — *Ath.*)

17. (*Quelle qu'elle soit.*) Encore que le point trouve sa place après toutes les parties qui font

un sens fini, il faut encore dans le discours bien saisir la séparation des périodes entre elles; quelques exemples, les uns du style historique, les autres du style oratoire, vont nous donner la mesure de ces repos.

Nous verrons, dans l'un et dans l'autre style, que la période peut se composer de faits très distincts, mais qui, par le rapport qu'ils ont à une même idée, ou les uns avec les autres, forment un sens total.

EXEMPLES.

Pour achever les mystères, Jésus-Christ sort du tombeau le troisième jour; il apparaît à ses disciples, il monte aux cieux en leur présence, il leur envoie le Saint-Esprit; l'Église se forme, la persécution commence; saint Étienne est lapidé, saint Paul est converti.

Un peu après, Tibère meurt, Caligula, son petit-neveu, son fils par adoption et son successeur, étonne l'univers par sa folie, cruelle et brutale. Il se fait adorer et ordonne que sa statue soit placée dans le temple de Jérusalem; Chéréas délivre le monde de ce monstre.

Claudius règne malgré sa stupidité; il est deshonoré par Messaline, sa femme, qu'il redemande après *l'avoir fait* mourir. On le remarie avec Agrippine, fille de Germanicus.

Les apôtres tiennent le premier concile, saint Pierre parle le premier, comme il fait partout ailleurs; les gentils convertis y sont affranchis des cérémonies de la loi, la sentence en est prononcée au nom du St.-Esprit et de l'Église; saint Paul et saint Barnabé portent le décret du concile aux évêques, et enseignent aux fidèles à s'y soumettre : telle fut la forme du premier concile.   (BOSSUET.)

Vous, Monsieur, qui non-seulement étiez son frère, mais qui avez couru long-temps la même carrière, vous savez les obligations que lui a notre poésie; vous savez en quel état était la scène française, lorsqu'*il commença à travailler*. Quel désordre! quelle irrégularité! Nul goût, nulle connaissance des véritables beautés du théâtre ; les auteurs aussi ignorants que les spectateurs, la plupart des sujets extravagants et dénués de vraisemblance, point de mœurs, point de caractères ; la diction encore plus vicieuse que l'action, des pointes et de misérables jeux de mots en faisaient le principal ornement ; en un mot les règles de l'art, celles même de l'honnêteté et de la bienséance partout violées.

Dans cette enfance, ou pour mieux dire, dans ce chaos du poème dramatique, parmi nous, votre illustre frère, après avoir quelque temps cherché le vrai chemin et lutté, si j'ose ainsi le dire, contre le mauvais goût de son siècle, enfin inspiré d'un génie extraordinaire et aidé de la lecture des anciens, fit voir sur la scène la raison, mais la raison accompagnée de toute la pompe et de tous les ornements dont notre langue est capable ; il accorda heureusement la vraisemblance et le merveilleux, et laissa * ses rivaux loin derrière lui ; la plupart, désespérant de l'atteindre, et n'osant plus entreprendre de lui disputer le prix, se bornèrent à combattre la voix publique déclarée pour lui, ils

---

* Condillac a fait l'analyse de ce même fragment, après l'avoir ponctué ; cet auteur s'est plus éloigné que nous de la ponctuation de Racine. C'est principalement dans l'usage des deux points qu'il s'est écarté de la bonne ponctuation.

Condillac au lieu de « Corneille *accorda* heureusement le vraisemblable et le merveilleux, il *laissa*, etc. » fait usage du participe présent « *laissant loin derrière lui* » il a fait ce changement pour trouver un tour dont, dit-il, il avait besoin. » *Corneille*, dit Condillac, *fit voir la raison sur la scène, parce qu'il laissait ses rivaux loin derrière lui.* » Il prête à Racine une cause qui ne peut pas en être une, et assurément si Condillac y eût fait attention il se serait aperçu de cette méprise. Corneille *n'a pas fait voir la raison* sur la scène, *parce qu'il laissait ses rivaux derrière lui ;* mais *il a laissé* ses rivaux derrière lui, *parce qu'il a fait voir la raison ;* Condillac a pris l'effet pour la cause.

essayèrent, mais en vain , par leurs discours et par leurs frivoles critiques, de rabaisser un mérite qu'ils ne pouvaient égaler.

La scène retentit encore des exclamations qu'excitèrent à leur naissance , le Cid, Horace , Cinna, Pompée et tous ces chefs-d'œuvres représentés depuis sur tant de théâtres, traduits en tant de langues, et qui vivront à jamais dans *la bouche des hommes.* Où trouvera-t-on un poète qui ait possédé à la fois tant de grands talents , tant d'excellentes parties; l'art, la force, le jugement, l'esprit? Quelle noblesse , quelle économie dans les sujets ! quelle véhémence dans les passions ! quelle gravité dans les sentiments ! quelle dignité et en même temps quelle prodigieuse variété dans les caractères ! Combien de rois, de princes, de héros, nous a-t-il représentés, toujours tels qu'ils doivent être , toujours uniformes avec eux-mêmes et ne ressemblant jamais les uns aux autres ? Parmi tout cela une magnificence d'expression proportionnée aux maîtres du monde qu'il fait souvent parler ; capable néanmoins de s'abaisser quand il le veut, et de descendre jusqu'aux plus simples naïvetés du comique , *où il est encore inimitable.* Enfin, ce qui lui est sur-tout particulier, une certaine force , une certaine élévation qui surprend, qui entraîne et qui rend jusqu'à ses défauts, si on peut lui en reprocher quelquesuns, plus estimables que les vertus des autres; personnage véritablement né pour la gloire de son pays, comparable , je ne dis pas à ce que l'ancienne Rome a eu d'excellents tragiques, mais à Eschyle, à Sophocle, à Euripide, dont la fameuse Athènes ne s'honore pas moins que de Thémistocle, de Périclès, d'Alcibiade, qui vivaient en même temps qu'eux. *   (RACINE.)

---

* Racine a écrit comparable aux *Eschyles*, aux *Sophocles*, etc. Condillac a écrit « aux *Eschyle*, aux *Sophocle*, aux *Alcibiade.* » Si ces noms sont pris figurément, l'orthographe de Racine est exacte, si au contraire , ils sont employés comme nom propres, l'article ne peut pas se montrer : c'est dans cette hypothèse que nous disons comparable *à* Eschyle, *à* Sophocle , *à* Euripide. (Voy. la Grammaire universelle , classique et polémique.)

Observations.

Suivant quelques-uns le discours signifie diversement selon qu'il est ponctué ; voici comment on l'entend.

Mahomet propageait sa religion *le Coran d'une main et l'épée de l'autre*; il mourut empoisonné.

Cette période est bien ponctuée, elle est nette ; mais si on s'avise de la mal ponctuer, ce n'est plus la même chose.

Mahomet propageait sa religion; *le Coran d'une main et l'épée dans l'autre, il mourut empoisonné.*

« Cette dernière phrase, disent nos auteurs, « signifie comment Mahomet mourut, et la « première comment il propagea sa religion. »

Voici trois autres phrases correctes et bien nettes.

« L'architecte se jette dans un absurde mélange de grec, de gothique et de chinois. Comme dans la société l'expression du sentiment est mise à la place du sentiment même, l'esprit sur le théâtre remplit toujours l'office du cœur. Dans les pièces de Marivaux, les maximes sont réduites en épigrammes et les sentiments en maximes. »

Si de ces phrases on veut en faire de mauvaises, on change la ponctuation ; exemples.

L'architecte se jette dans un absurde mélange de grec, de gothique et de chinois *comme dans la société.*

L'expression du sentiment est mise à la place du sentiment même ; l'esprit sur le théâtre remplit toujours l'office du cœur, *dans les pièces de Marivaux.*

Les maximes sont réduites en épigrammes et les sentiments en maximes.

Le fin de cette spéculation, c'est de prendre
un membre dans une phrase pour le mettre dans
une autre ; le tout devient discordant, ridicule ou
même absurde, et pourtant, s'il fallait en croire
certains auteurs, de pareilles phrases imposeraient
à la dialectique.

Le vers suivant est correct.

Règne, de crime en crime enfin te voilà roi.

On place la virgule ensuite de l'énonciation ad-
verbiale, et on arrive à une alliance incohérente.
« *Règne de crime en crime*, enfin te voilà roi. »

C'est encore la même spéculation dans cette
autre phrase.

« *Il viola toutes les lois pour venir à bout de ses des-*
« *seins* ; il ne respecta pas même la pudeur des dames.

On met le point et la virgule après la proposition principale, alors la causative se lie à
la seconde proposition.

Il viola toutes les lois ; *et pour venir à bout de ses des-*
seins, il ne respecta pas même la pudeur des dames.

C'est ainsi que le sens pourrait être travesti,
si la ponctuation devait prévaloir contre le raisonnement, si on pouvait s'arrêter à ces cap-
tieux arguments ; mais non, si la ponctuation
est mal entendue, il faut la rectifier.

On veut que, dans les deux exemples suivants,
l'adjectif *chassé* ne tombe pas sur le même substantif, et c'est, dit-on, de la ponctuation que
vient cette variation ; exemples.

Ce *prince*, défenseur de Tarquin le Superbe, *chassé de Rome*, alla assiéger cette ville.

Ce prince, défenseur de *Tarquin le superbe chassé de Rome*, alla assiéger cette ville.

Dans le deuxième exemple « la suppression de la virgule indique, dit-on, que l'adjectif *chassé* s'applique à *Tarquin* ; au contraire, dans le premier exemple, la présence de la virgule avant l'adjectif *chassé*, marque que cet adjectif se rapporte au substantif *prince*. »

La virgule est nécessaire dans le second exemple comme dans le premier ; ce n'est donc pas de la ponctuation que vient la difficulté, mais seulement de la suppression du pronom relatif.

« Ce prince, *qui était le* défenseur de Tarquin le Superbe, chassé de Rome, alla assiéger cette ville.

Ainsi quand une phrase est louche ou mal construite, ou qu'elle s'embarrasse par trop de choses entassées les unes sur les autres, il faut retrancher ce qui est de trop, il faut la redresser ; la ponctuation a ses principes, ils ne peuvent pas se plier aux écarts de la plume, encore moins à des arguties.

18. (*Interrogative.*) Le point d'interrogation peut, comme la virgule, le point et la virgule, et les deux points, venir dans le cours de la période ; car outre qu'il marque l'interrogation, il tient toujours lieu d'un des autres signes de la ponctuation. Toutefois ce signe ne se met pas entre les parties d'un membre multiple ;

non plus il ne se met pas ordinairement entre deux corrélatives quand le sens est emporté à la dernière.

On peut ne pas faire usage de ce point, si les dernières propositions de la période ne sont pas interrogatives et que le sens de l'interrogation ne domine pas jusqu'à la fin de la phrase; exemple.

> L'argent vient-il comme il s'en va?
> Je n'y touchais jamais. — Dites-moi donc , de grâce ,
> Reprit l'autre, *pourquoi vous affligez-vous tant,*
> Puisque vous ne touchiez jamais à cet argent :
> Mettez une pierre à la place,
> Elle vous vaudra tout autant.
>
> (*Liv.* 4 , *fab.* 20.)

Quelquefois c'est au point d'interrogation seul que l'on reconnaît l'interrogation; cela se voit quand on néglige de faire la construction régulièrement ; vous *m'entendez?* pour m'entendez-*vous?*

Le point d'interrogation est encore nécessaire quand nous répétons ce qui vient de nous être dit ; exemple.

> Que gagnez-vous par an ? — *Par an?* qui moi, Monsieur....
> (*Liv.* 8 , *fab.* 2.)

Enfin encore que le sens interrogatif soit palpable, la clarté veut qu'on marque l'interrogation *.

---

* Le point d'interrogation contrarie le système de la ponctuation ; il faut, si on veut entendre nettement l'ar-

EXEMPLES.

Penses-tu que la lyre et le luth des poëtes
S'accordent d'harmonie avecque les trompettes,
Les fifres, les tambours, le canon et le fer?
Concert extravagant des musiques d'enfer?
Toute chose a son règne, et dans quelques années,
D'un autre œil nous verrons les fières destinées.
(REGNIER.)

Encore quelques grands afin de faire voir,
De Mécène, rivaux, qu'ils aiment le savoir ;
Nous voient d'un bon œil et tenant une gaule,
Ainsi qu'à leurs chevaux, nous en flattent l'épaule ;
Avecques bonne mine et d'un langage doux
Nous disent souriant « *Eh bien, que faites-vous !*
N'avez-vous point sur vous quelque chanson nouvelle?
J'en vis ces jours passés de vous une si belle
Que c'est pour en mourir ; ha ! ma foi, je vois bien
Que vous ne m'aimez plus, vous ne me donnez rien. »
(REGNIER.)

Pour quelque chose, Esther, vous comptez votre vie,
Dieu parle, et d'un mortel vous craignez le courroux?
Que dis-je votre vie, Esther, est-elle à vous ?
N'est-elle pas au sang dont vous êtes issue?
N'est-elle pas à Dieu dont vous l'avez reçue ?
Et qui sait, lorsqu'au trône, il conduisit vos pas,
Si pour sauver son peuple il ne vous gardait pas ?
(RACINE. — *Esth.*)

---

rangement du discours, suppléer mentalement le signe
remplacé.

EXEMPLE.

Et qui s'honorerait de l'appui d'Agrippine,
Lorsque Néron lui-même annonce ma ruine?
Lorsque de sa présence il semble *me bannir* ?
Quand Burrhus à sa porte ose me retenir?
(RACINE.)

Il faut voir la phrase comme si elle n'était pas interrogative, alors on trouve que la virgule est remplacée deux fois et que, la période étant complète, il faut à la fin le point; exemple.

Et qui s'honorerait de l'appui d'Agrippine,
Lorsque Néron lui-même annonce ma ruine,
Lorsque de sa présence il semble *me bannir*,
Quand Burrhus à sa porte ose me retenir.

> *Que vois-je, Mardochée ! ô mon père, est-ce vous ?*
> *Un ange du Seigneur, sous son aile sacrée,*
> *A donc conduit vos pas et caché votre entrée ?*
> *Mais d'où vient cet air sombre et ce cilice affreux,*
> *Et cette cendre enfin qui couvre vos cheveux ?*
> *Que nous annoncez-vous ?*
>
> (RACINE.)

> Seigneur, où courez-vous ? et quels empressements
> *Vous dérobent si tôt à nos embrassements ;*
> *A qui dois-je imputer cette fuite soudaine ?*
> Mon respect a fait place aux transports de la reine ;
> *Un moment à mon tour ne vous puis-je arrêter ?*
> *Et ma joie à vos yeux n'ose-t-elle éclater ?*
>
> (RACINE. — *Iph.*)

Le point d'interrogation doit venir après toute proposition construite sous la forme interrogative ; exemples.

> *Voulez-vous écrire*, consultez long-temps vos forces ?
> *Avez-vous un secret important ?* versez-le hardiment
> dans ce cœur noble.   (BOSSUET.)

> *Voulez-vous du public mériter les amours ?*
> Sans cesse, en écrivant, variez vos discours.
>
> (BOILEAU.)

> *Que peut-on lui reprocher*, sinon sa clémence ? — *Vit-on jamais, en deux hommes, les mêmes vertus* avec des caractères si divers, pour ne pas dire si contraires ? — *Qu'ont-ils voulu*, sinon des louanges et la gloire que les hommes donnent ? — *Quel autre a fait un Cyrus*, si ce n'est Dieu, qui l'avait nommé deux cents ans avant sa naissance, dans les oracles d'Isaïe ?   (BOSSUET.)

Ces phrases ne sont point interrogatives ; les unes sont dubitatives ; « *si vous voulez écrire*, consultez vos forces. » Les autres sont négatives ; «on ne peut *lui rien reprocher*, sinon sa clémence.»

Nota. M. F. dit «que les interrogatives dubitatives ne forment qu'un sens *logique* conditionnel qui exclut le signe interrogatif.» l'argument ne paraît pas concluant. La construction suit la voie interrogative, c'est sous cette forme que l'intellect en reçoit la première impression ; la ponctuation doit être conforme. Si de cette construction figurée on passe à la syllepse, ces deux figures contrastent ; mieux vaudrait répudier ce tour de phrase, mais il jette de la variété dans le discours, il est français ; nous le conserverons avec la ponctuation de Bossuet, de Racine, Pascal, etc.

19. (*D'admiration.*) On voit, depuis quelque temps, après le point d'admiration, des points sans nombre, et même le point d'admiration, est répété ; il semble que ce soit une éloquente finesse ; ce n'est le plus souvent que de la stérilité. Les charlatans recourent volontiers à cette énigme ; on lisait sur la porte d'un bazar, qui déjà n'est plus, « *On verra bien !!!*..... »

20 (*Les apôtres.*) Quelques-uns mettent la virgule après l'incise ; comme de Lusignan (*Hugues*), cardinal.

Si le repos n'était pas assez faible pour que la virgule *puisse* être négligée, elle devrait suivre le nom propre de *de Lusignan* * ; ce nom termine le sens ; *Hugues* est un prénom.

Bossuet a ponctué après l'incise dans cette période, « Scandale aux Juifs (*et non pas miracle*), folie aux gentils (*et non pas sagesse*) ;.. » Mais

---

* On lit dans la préface du dictionnaire de Restaut que « *Hugues* et *de Lusignan* sont inséparables ; » c'est pourquoi la virgule est mise après les parenthèses. Ces deux mots ne sont pas inséparables ; s'ils l'étaient, la transposition ne pourrait pas avoir lieu ; nous disons « *piegrièche* », nous ne pouvons pas dire *grièche* (*Pie*), la grièche (pie) est criarde. Et pourquoi ? c'est que les deux mots sont inséparables.

D'ailleurs Restaut lui-même dit, un peu plus loin, on peut bien séparer et transposer le prénom *Hugues*.

ici l'incise fait suite au sens qui la précède, et même, à proprement dire, ce n'est pas une incise, c'est une proposition adversative ; cette proposition n'est enfermée entre deux demi-cercles que pour faire sentir plus fortement l'opposition.

Dans cette autre phrase,

« Dieu n'a-t-il pas convaincu de folie la sagesse de ce monde (comme nous le disait saint Paul)? »

L'incise est une corrélative, c'est une comparaison qui complète le sens ; c'est pourquoi la pause est marquée après la parenthèse.

De même l'astérisque vient avant le signe de la ponctuation, parce que cette espèce de parenthèse s'appuie inséparablement sur les termes qui la précèdent ; exemples.

« C'eût été ajouter à l'œuvre de Dieu, la loi le défendait (1); le scandale eût été horrible. »

On y marquait les services que chacun avait rendus, de peur qu',à la honte du prince et au malheur de l'état, ils ne demeurassent sans récompense (1). C'était une belle manière d'attacher les particuliers au bien public.

(BOSSUET.)

M. V** met quelquefois une virgule avant la parenthèse et une après ; et de plus, sans doute pour le mieux de la ponctuation, un grand vers est réduit à cinq mesures, et d'un vers de huit syllabes, il fait un alexandrin, sans partager le vers en deux parts égales.

« Un loup rempli d'humanité,
« (*Si* l'on en trouve *dans ce monde*),
« Fit, un jour, sur sa cruauté,
« Quoiqu'il ne l'exerçât que par nécessité,
« *Cette* réflexion profonde :
« Je suis haï, *je le sais*, de chacun.
« *En moi l'homme voit* toujours l'ennemi commun. »

(Liv. 10. f. 6.)

Loin que deux virgules soient nécessaires, une avant et une après, la parenthèse seule peut suffire si le repos est faible ; exemple.

Nous (*continue l'apôtre*) nous prêchons Jésus crucifié ; scandale aux Juifs (*et non pas miracle*), folie aux gentils (et non pas sagesse) ; mais Jésus qui est, aux Juifs et aux gentils, appelés à la connaissance de la vérité, la puissance de la sagesse de Dieu.   (BOSSUET.)

2° La virgule ne peut ni précéder ni suivre la parenthèse, si celle-ci est placée entre deux termes qui ne doivent pas être séparés par un repos ; tels que sont le nominatif et le verbe.

EXEMPLES.

Les *Juifs* (poursuit saint Paul) *demandent* des miracles par lesquels remuant toute la nature, Dieu les mette visiblement au-dessus de leurs ennemis.   (BOSSUET.)

Josabet (dans Athalie, tragédie) *raconte* au grand prêtre comment elle a arraché, des bras des meurtriers, Joas tout sanglant.

3° L'incise, placée entre deux demi-cercles ou entre deux crochets, peut toujours être accompagnée d'un signe de la ponctuation ; ce signe est enfermé avec elle.

EXEMPLES.

On fit dans cette campagne, (*c'était la troisième année de la guerre punique.*)* ce qui ne s'était jamais pratiqué jusqu'alors, etc.   (ROLLIN.)

---

* Rollin au lieu du point, a fait usage du point et virgule, c'est le point qu'il faut employer parce qu'une incise est un sens isolé, et conséquemment qui doit être ponctué comme une proposition absolue.

Vivez, solennisez vos fêtes sans ombrage ;
De votre obéissance, elle ne veut qu'un gage,
C'est (*pour l'en détourner, j'ai fait ce que j'ai pu.*)
Cet enfant sans parens, qu'elle dit qu'elle a vu.

(RACINE. — Ath.)

Le signe de la ponctuation se néglige ordinairement après la parenthèse, parce qu'en effet les demi-cercles ou les crochets indiquent assez que l'énonciation est un sens total ; cependant si le sens demande un point d'admiration ou un point d'interrogation, la ponctuation doit être marquée.

EXEMPLES.

Ce n'est le plus souvent qu'avec peine (*chose inexplicable si on ne savait pas que la force de l'homme n'est que faiblesse !*) qu'on peut faire comprendre aux hommes leurs véritables intérêts : les hommes trompés, même par leurs amis, craignent toujours.

J'aurais vu massacrer et mon père et mon frère,
Du haut de son palais, précipiter ma mère,
Et dans un même jour égorger à la fois,
(*Quel spectacle d'horreur !*) quatre-vingts fils de rois
Et pourquoi ? pour venger je ne sais quels prophètes,
Dont elle avait puni les fureurs indiscrètes ;
Et moi, reine sans cœur, fille sans amitié,
Esclave d'une lâche et frivole pitié,
Je n'aurais pas du moins, à cette aveugle rage,
Rendu meurtre pour meurtre, outrage pour outrage ?

FIN.

DE SANTILLANA.

NUEVA EDITION CORREGIDA.

Tomo Cuarto.

PARIS,

LIBRERÍA DE CORMON Y BLANC.

1826.

PARIS : IMPRENTA DE E. POCHARD,
CALLE DEL POT DE-FER, N. 14.